城市空间形态对居民出行能耗的作用机理研究

STUDY ON THE MECHANISM OF URBAN FORM ON ENERGY CONSUMPTION BY RESIDENTS' DAILY TRAVEL

郭洪旭　著

科学出版社

北　京

内 容 简 介

城市居民交通出行需求和出行方式受到各类城市空间形态要素的影响。本书从城市个体、城市空间布局、居住区规划设计不同尺度，系统开展了实证和理论研究，深入分析了城市空间形态对居民出行和能耗的影响，研究方法和结论可为从事城市规划设计和环境政策研究的科研人员、规划师和学生提供参考。

图书在版编目（CIP）数据

城市空间形态对居民出行能耗的作用机理研究/郭洪旭著. —北京：科学出版社, 2021.2

ISBN 978-7-03-068142-3

Ⅰ.①城… Ⅱ.①郭… Ⅲ.①市区交通–能源消耗–研究 Ⅳ.①U121

中国版本图书馆 CIP 数据核字(2021)第 034108 号

责任编辑：王 治 蒋 超 / 责任校对：刘凤英
责任印制：关山飞 / 封面设计：张 放

科学出版社 出版
北京东黄城根北街 16 号
邮政编码: 100717
http://www.sciencep.com

北京科信印刷有限公司 印刷
科学出版社发行 各地新华书店经销
*
2021 年 2 月第 一 版 开本：720×1000 1/16
2021 年 2 月第一次印刷 印张：8 1/8
字数：120 000

定价：98.00 元

(如有印装质量问题, 我社负责调换)

前　言

全球气候变暖已成为国际社会关注的焦点问题，全球能源消费和温室气体排放的主要场所是城市，城市交通将是未来城市能耗增长最快的部门。城市居民交通出行的需求产生于居民的生产、生活和其他社会活动的发生地与居住地空间分离。目前，对欧美城市的研究结果表明，城市空间形态对居民出行能耗的产生具有显著影响，而我国在此领域的研究仍处于概念引进和理论探讨阶段，亟须开展实证和理论研究。中国正处于快速转型期，多数城市正在经历空间重组和演变，居民出行能源消费也正在发生着深刻的变化。基于以上考虑，本书从城市空间形态的角度，探讨其对居民出行和能源消费的影响。

本书通过实证研究，从居住区、城市功能区以及城市个体三个尺度，分析了城市空间形态对居民出行和能耗的影响，系统构建了城市空间形态对居民出行影响研究的方法学体系。本书共分为八章。第一章介绍了研究背景和意义；第二章梳理了主要概念以及相关领域的研究进展；第三章分别从城市和居住区尺度开展了我国典型城市空间形态的调查和评估；第四章从城市尺度评估了城市空间形态与居民出行能耗之间的关系；第五～七章以广州居住区为研究案例，评估居住区空间形态对居民通勤出行能耗和小汽车家庭出行能耗的影响，评估公共交通可达性对城市主中心和副中心小汽车家庭出行能耗的影响；第八章对全文进行了总结并提出今后研究的重点。其中，第四～六章的主体研究内容是笔者攻读博士期间完成的，第七章是在国家自然科学基金青年项目“多中心城市建成环境对居民出行碳排放的作用机理研究”（41501184）的支持下完成的。

本书主要面向从事城市居民出行行为研究的科研工作者、学生、规划师等读者，可为城市规划设计、环境政策研究等提供支撑和参考。在写作过程中，引用了一些学者的研究成果，已在文中做标注。对这些学者的杰出贡献，致以崇高的敬意。书中的一些内容具有探索性，故难免有不妥之处，望读者慷慨赐教！同时，特别感谢家人对本书工作的支持。

郭洪旭
2021 年 1 月

目　　录

第一章　绪　论

第一节　研究背景和意义

一、研究背景

20 世纪后半叶以来，以气候变暖为主要特征的全球气候变化问题日益成为国际社会关注的焦点，全球气候变化已经成为不争的事实。已有的科学研究表明，全球气候变暖与人类活动造成的温室气体浓度升高有很大的相关性（IPCC，2007）。气候变化已经对地球生态系统和人类社会造成了影响，对未来的影响程度和后果严重性则取决于人类社会应对气候变化所作的努力。已有大量公开的模型估算了全球气候变暖所带来的经济损失，根据英国的斯恩特报告，按照现有的经济增长模式，到下世纪因温室气体排放造成的升温很可能达到 5～6℃，将带来 5%～20%的国内生产总值（GDP）损失；报告同时指出，如果全球以每年 1%的 GDP 投入，促进全球向低碳经济转型，就可以避免将来的损失（Stern N，2007）。因此，为减缓全球气候变暖，最根本的途径在于转变经济增长模式，使能源消费由高碳方式转变为低碳方式，这样才能够保证经济社会的可持续发展。

在世界经济调整的大变革中，无论是发展中国家还是发达国家，都希望抓住绿色经济发展带来的契机，培育以低碳排放为特征的新经济增长点。近年来，在贯彻落实科学发展观、建设生态文明的大背景下，我国政府对能源与环境问题高度重视，大力发展战略性新兴产业，依靠科技进步与创新，引领可持续发展。2020 年 9 月 22 日，国家主席习近平在第七十五届联合国大会一般性辩论上发表重要讲话，进一步提出中国将提高国家自主贡献力度，采取更加有力的政策和措施，二氧化碳排放力争于2030年前达到峰值，努力争取2060年前实现碳中和。城市层面的碳排放达峰目标及实现路径，对于国家碳排放达标至关重要。探索可持续的低碳发展模式将成为应对全球气候变化、缓解城市发展压力、发展新兴产业、转变生产生活方式、落实节能减排和建设有中国特色生态文明的重要基础。

从世界范围来看，城市人口所消耗的能源占全球的75%，温室气体排放量占世界的80%；城市人口集中、产业集中、物流集中、资源与能源消耗集中，因而城市是能源消费和温室气体排放的主要区域（IPCC，2007）。到2050年世界人口的70%将成为城市居民，经济活动进一步向城市集中，未来城市将在区域和国家经济中扮演更为重要的角色，同时也是解决世界上最复杂、最迫切问题（如资源、环境等）的关键地区（吴良镛和吴唯佳，2008）。因此，在应对气候变化、转变发展方式的过程中，低碳城市的建设将会发挥重要作用。发展低碳城市不仅可以达到减少温室气体排放的目标，而且还会为城市发展带来新的机遇。

二、研究意义

（一）减缓我国居民出行交通能耗增长的需求紧迫

我国正处于转型时期，经济和社会转型是两大核心内容，其中经济转型主要是工业化过程中产业结构升级优化和技术进步；社会转型主要是指城市化。从经济转型来看，随着我国逐渐进入后工业化阶段，技术进步和产业结构变化会导致第二产业能源消费量增速放慢，甚至出现下降的可能性；从社会转型来看，我国现阶段正处在加快城市化进程的关键时期；从发达国家的发展历程看，城市化进程和人民生活水平的提高将推动生活用能在全社会用能中的比重不断增长，建筑能耗将从现在的26%增长到35%，交通能耗将从现在的10%增长到30%（陆大道和樊杰，2009；仇保兴，2010；陆大道，2007）。因此，居民生活能耗，尤其是交通能耗的增长空间巨大，并将逐渐成为城市能源消费的核心。随着国家碳排放峰值目标的提出，针对城市整体和各个部门，如何开展切实可行的减排措施，具有紧迫的需求。

（二）减缓居民出行交通能耗增长须采取综合措施

目前，中国政府已经意识到交通部门节能减排的重要性，不断引入替代燃料和提高汽车燃油经济性以降低能耗并减少 CO_2 排放。从 2002 年开始，中国推进 E10（汽油中添加 10%的生物乙醇）作为交通替代燃料，目前中国是世界第三大生物乙醇生产国（Yan and Crookes，2009）。除此之外，中国目前已经在一些大城市采用 Euro-4 标准（欧洲Ⅳ号标准）来限制汽车尾气排放，并开始推进电动汽车的发展（Bradsher，2009）。然而，由替代燃料和提高汽车燃油经济性所实现的节能减排远远不能弥补居民出行方式和生活习惯改变所导致的能耗增长（Darido，*et al.*，2010）。中国目前是全球最大的汽车销售市场之一，至 2030 年，汽车保有量将增至 2 亿 7000 万辆，是现有汽车保有量的三倍（International Energy Agency，2007）。目前，国内外学者一致认为，解决交通部门的能源消费和碳排放问题不能仅依靠单一措施，提高汽车的燃油经济水平、使用替代燃料和减少汽车使用已成为交通部门节能减排必不可少的三大措施，缺少任何一项措施都难以实现有效的节能减排（Guan，*et al.*，2008；Mui，*et al.*，2007；Pacala and Socolow，2004；Wright and Fulton，2005；Zeng，*et al.*，2008）。

（三）优化城市空间形态降低居民交通出行能耗的潜力巨大

在美国和欧洲，众多学者认为城市增长的管理能够有效约束居民的出行方式和引导居民低能耗出行。中国仍处于快速城市化阶段，这一趋势可能还将持续数十年。如果可以通过干预城市空间的构建而实现交通部门的节能减排，节能和环保的效果将十分显著。此外，与许多发达国家相比，中国土地的公有制使政府对城市的发展方式有较强的控制能力，然而这一优势并未被充分认识。汽车主导的社区发展模式已经开始主宰城市扩张和建设（Cervero and Day，2008；Monson，2008），但很少有实证研究分析城市扩张和空间演变对能源消费的影响，同时由于社会、文化以及城市空间结构的差异，西方规划和设计标准以及政策很难在中国简单套用。因而在目前我国城市化的快速发展阶段，加强实证和调查研究，分析城市空间属性对居民出行能耗的影响，寻找城市空间组织低碳化的调控路径，对我国城市交通的可持续发展具有重要意义。

第二节 研究内容和方法

城市空间形态主要指城市建成区的几何形态与内部空间的布局特征，内部空间布局主要指土地、人口、道路等要素的分布特征。本书在城市和居住区层面，分别以人口密度、建成区面积、土地利用多样性、居住社区至市中心的距离等指标对城市空间形态进行定义。

本书围绕城市空间形态对居民出行能耗的影响展开研究。首先从城市层面分析建成区面积、人口密度等主要空间形态指标和居民社会经济属性对交通能耗的作用，继而以广州市典型区域为研究对象，构建城市空间形态量化研究体系。在此基础上，结合居民出行调查数据，构建结构方程模型，揭示城市空间形态指标和居民社会经济属性对居民出行及能耗的作用机理，并探讨低碳出行的调控策略，以期为能源和碳排放约束下的城市发展和城市空间规划提供政策建议。

一、研究内容

（一）中国城市空间形态现状和发展趋势

研究首先以省级（区域）尺度为单位，分析了我国主要省份城市人口密度、城市规模等城市空间指标现状和发展趋势；接着以北京、上海、天津、重庆和广州 5 个典型城市为样本，分析典型城市人口密度与建成区面积的变化特征；最后以广州市天河区为研究对象，构建能够有效表征城市内部空间形态特征的研究方法，建立城市空间形态分析的研究体系。

（二）城市空间形态对中国典型城市居民出行能耗的影响

以北京、上海、天津、重庆和广州为典型城市样本，分析城市人口密度与居民出行能耗的相关性，进而根据城市人口密度将城市划分为低密度城市和高密度城市，应用 STIRPAT 模型评估不同人口密度条件下，主要城市空间形态指标和居民社会经济属性对交通能耗影响作用的差异。

（三）居住区空间形态对居民通勤出行能耗的作用机理

应用城市核心区天河区的居民出行问卷调查数据，结合城市空间形态的分析结果，构建结构方程模型（Structural Equation Model，SEM），探讨居住区空间形态对居民通勤出行的作用机理。

（四）居住区空间形态对小汽车家庭出行能耗的作用机理

应用居民出行问卷调查数据，结合居住区空间形态的分析结果，构建结构方程模型，探讨居住区空间形态对小汽车家庭出行能耗的作用机理。

（五）城市不同中心公共交通可达性对小汽车家庭出行能耗的作用机理

应用城市核心区天河区和城市副中心番禺区的居民出行问卷调查数据，结合居住区空间形态的分析结果，构建结构方程模型，探讨不同城市中心公共交通可达性对小汽车出行的作用机理。

（六）低碳城市建设规划措施和政策建议

依据不同尺度城市空间形态关键指标和居民社会经济属性对居民出行决策和能耗的作用机理，探讨低碳出行的调控策略，以期为我国城市空间组织和居住区规划建设提供科学依据。

二、研究方法

（一）STIRPAT 模型

STIRPAT 模型是用来评估人口、富裕度和其他因素对环境影响的重要研究方法，目前已经被广泛的应用于生态、社会和经济领域。本书把 STIRPAT 模型作为理论和分析框架，将城市空间属性信息引入模型，从城市层面分析城市空间形态对居民出行能耗的影响。

（二）城市空间形态特征研究方法

利用高分辨率遥感影像数据，依据建筑屋顶的光谱信息、纹理特征等，应用面向对象法提取建筑并进行分类。在此基础上，选用格网法、人口密度估算法等空间建模分析工具，定量分析研究区内部空间形态的主要特征。

（三）结构方程模型

结构方程模型自 20 世纪 80 年代迅速发展以来，在社会、心理、教育、经济、管理、市场等研究领域发挥了重要作用，作为一种多变量复杂关系的建模工具，结构方程模型能够分析多变量的内在逻辑关系，因此，在西方的交通行为研究中得到广泛应用。结构方程模型包含方差分析、回归分析、路径分析和因子分析，可以分析多因多果的联系、潜变量的关系，是非常重要的多元数据分析工具。本研究将城市空间形态的分析结果作为基础，结合居民出行问卷调查，构建结构方程模型，揭示城市空间形态和居民社会经济属性对居民出行和能耗的影响机理。

第三节 拟回答的科学问题

上述研究内容与以下三个研究问题相对应：

1）城市空间形态对中国城市居民出行能耗有何影响，程度如何？

中国城市正处于快速转型期，由于人口众多，中国城市人口密度远远大于欧美城市，欧美城市的研究理论是否适用于中国，城市人口密度、建成区面积、公共交通资源以及居民收入对交通能耗有何影响，程度如何？

2）居住区空间形态通过何种路径及方式影响居民出行能耗？

在居住区尺度、居住区的人口密度、土地利用多样性、城市中心距离以及公共交通设施的供给会对居民出行、交通能耗产生什么影响？以何种路径产生影响？在城市主中心和副中心，公共交通可达性对小汽车出行的影响是否存在差异？

3）如何构建低碳城市空间形态？

在深入分析城市空间形态和居民社会经济属性对居民出行能耗影响机理的基础上，如何调整城市空间结构，以及采取何种经济政策措施更有利于城市的低碳发展？

第二章　概念、机理与研究进展

第一节　城市空间形态的定义和内涵

城市空间形态指城市的物质形式，欧洲国家多用“Urban Morphology”定义，美国更多用“Urban Form”。城市空间形态的概念根据“尺度”与“时间”的变化有不同内涵，在城市和区域尺度，空间形态主要指城市建成区的形态与内部空间的布局特征。城市空间形态的形成是经济、政治、文化等多个因素相互作用的结果，反过来，空间形态也会影响城市居民的就业、居住和交往方式，它涉及城市交通、生活、环境的多个方面。城市形态的紧凑和松散是研究城市空间形态的两条主线，紧凑的城市形态并不是一种具体的、特定的城市空间特征，而是一种城市发展策略（李琳，2006）；相对于低密度、蔓延的城市空间形态，较高的城市密度易于生产和生活的组织并能促进城市的可持续发展（Haughton and Hunter，1994）。

第二节　城市空间形态的评估方法

城市空间形态的量化分析主要指利用城市、街道及居住区的统计数据（如人口数据、产业经济数据等）或区域遥感影像数据定量分析城市空间要素的分布特征，如人口密度、土地利用多样性、交通可达性等。

一、城市空间形态的表征指标

一直以来，对城市空间形态的分析多局限于文字性、概念性的描述。近年来，一些描述城市形态的量化指标成为研究热点（林炳耀，1998），借助城市空间形态的量化分析方法，综合社会经济数据，可以分析环境、经济发展与城市空间结构之间的相关关系。目前测量城市空间形态的定量指标主要有形状紧凑度、形状指数和分形维数指数，这三种指数在不同领域的应用过程中，又有一定程度的改进和发展。

（一）形状紧凑度

紧凑度（Richardson，1973）是反映空间数据图形完整性和聚集性的指标，在早期的研究中，紧凑度主要以城市的面积和周长信息来反映，如公式 2.1 所示：

$$C = \frac{2\sqrt{\pi A}}{p} \tag{2.1}$$

式中，A 为城市的面积；p 为城市轮廓的周长。城市紧凑度的数值越大，形状越紧凑。紧凑度的计算将圆形作为标准度量单位，从而便于对不同地物形态进行比较。当城市形状为圆形时，紧凑度 C=1。其他任何形状地物的紧凑度均小于 1，这是因为圆是一种形状最紧凑的图形，圆内各部分的空间高度压缩。当形状越接近正方形时，城市离散程度越大，紧凑度就越小；如果是狭长形状，其值就会远远小于 1。测量城市外围轮廓形态的紧凑度被认为是能够反映城市空间形态的一个重要概念（Gert，2000）。一方面，紧凑城市内部各部分之间联系距离较短，总体上增加了城市交通的方便性，提高了城市基础设施和已开发土地利用效率。另一方面，由于中心城市通过其规模效应、集聚效应、外部效应等作用对周边地区的发展产生带动作用，所以中心城市的形状越紧凑越能够发挥其辐射带动作用。

（二）形状指数

形状指数是表征城市空间属性的重要指标之一，主要有两类方法分析形状指数：一是平均意义上的粗糙测度方法，如形状率、圆形率等；另一种是基于图形周界测度的较精确测量方法，如利用傅里叶变换方法计算图形的形状指数（Keersmaccker *et al.*，2003；Shen，2002；陈彦光和刘继生，2001）；Medda 等（1998）的基于形状要素功能的形状指数方法；Boyce-Clark 的形状指数方法（Boyce and

Clark，1964）等。其中，Boyce-Clark 形状指数，其基本思想是将研究对象与标准圆形形状进行比较，得出一个相对指数（公式 2.2）：

$$\mathrm{SBC} = \sum_{i=1}^{n} \left| \frac{r_i}{\sum_{i=1}^{n} r_i} \times 100 - \frac{100}{n} \right| \tag{2.2}$$

式中，r_i 为城市中心到边界的半径长度；n 是具有相等角度差的辐射半径的数量，可以取不同的数量，数量越大，形状指数的精度越高。圆形具有最小的形状指数 0，正多边形、矩形、星形、H 形和长条矩形的形状指数依次增大，直线的形状指数最大。形状指数越大，表明在面积相同的情况下有更大的边界长度。

（三）分形维数指数

分形维数主要采用网格计数法进行分维估计，使用不同大小的正方形网格覆盖城市平面轮廓图形。当正方形网格长度 r 出现变化时，覆盖城市边界线的网格数目 N（r）和覆盖面积的网格数目 M（r）必然会出现相应的变化（Batty，1991）。根据分形理论有下式成立：

$$\ln N(r) = C + \sqrt{D \ln M(r)} \tag{2.3}$$

式中，C 为待定常数；D 为城市平面轮廓图形的维数。分维减少是一种更好的趋势，可以用它来判断城市建设中受到规划控制的水平以及地区边界的整齐程度。

城市空间结构的紧凑发展和低密度蔓延是研究城市空间形态的主要内容，在讨论城市空间属性对居民出行的影响时，多数的研究分析了空间的集中和分散特征对居民出行及能耗的影响。因而三类指数中，表征紧凑程度的指标被更广泛应用于该领域的模型研究中，如人口密度，用地混合（功能紧凑）等。国内外学者在最早提出的紧凑度测量公式的基础上，基于紧凑发展理念，对城市空间紧凑的测度方法学进行了不同层面的改善和提高，提出各类衡量紧凑与蔓延形态特征的指标参数，常用的指标有密度（Density）、分散度（Scater）、跳跃度（Leapfrogging）、散布度（Interspersion）、可达性（Accessibility）、连续性（Continuity）、中心性（Concentration）、聚集性（Clustering）、集核性（Nuclearity）、混合利用（Mixed Uses）

和接近性（Proximity）等（Galster *et al.*，2001；Lopez and Hynes，2003）。

目前计算城市紧凑度的标准主要采用单指标评价法和多指标综合评价法。单指标评价模型始于20世纪60年代，Richardson、Cole、Gibbs（1973，1960，1961）分别提出了紧凑度计算公式；Bertaud和Stephen（1999）提出紧凑度指数，用于城市紧凑度的度量。单指标评价模型主要从城市形态的角度出发，以建成区面积、周长以及建成区内地块距离城市中心的距离等因素确定城市的紧凑度。多指标综合评价法注重对城市人口密度、公共基础设施服务效率、人均资源消耗和环境污染等因素的综合分析。Galster等（2008）提出界定城市蔓延的8个指标，其中的密度、连续性、集中性等指标可以衡量城市建设的紧凑程度；Elizabeth（2002）建立了对城市紧凑度的综合衡量指标体系，分析和确定了影响城市紧凑发展的各类因素；Tsai（2005）提出从都市区层面界定紧凑程度的多项指标和相应的定量分析方法，采用空间自相关方法对紧凑度进行模拟；Schwarz（2010）运用景观指数法，以城市密度、集聚度、边缘密度和紧凑度等多个指标综合分析了欧洲231个城市的空间紧凑程度。陈海燕和贾倍思（2006）通过构建城市紧凑度指标体系，分析了中国45个特大城市紧凑程度与环境综合指数之间的关系。方创琳等（2008）从城市群的角度，选取空间相互作用指数、人口密度指数和城镇密度指数作为计算城市群空间紧凑度的指标。

从城市空间形态定量化研究方法的演变看，遥感和地理信息系统（GIS）技术的应用大大提升了相应研究的深度与广度，空间形态指数、景观格局指数等量化指标提升了相应研究的精度与科学性。在具体的量化计算中，数据通过城市统计部门和遥感影像获得。此外，基于（GIS）的格网法在近年来的研究中逐渐被引入，用于分析人口密度以及土地利用信息，使得微观尺度空间信息的精确性有了显著提高（Frank *et al.*，2009）。

二、居住区空间形态的表征指标

居住区空间形态也称居住区建成环境，主要由三个部分组成：土地利用模式、城市设计和交通系统。Handy（1996）将土地利用模式定义为各种社会活动在空间上的分布，通常将空间区域划分为工业区、商业区和住宅区等。城市设计关注城市内各种要素的空间安排及面貌，以及街道和公共空间的功能和吸引力。交通系统是指各种交通基础设施（比如人行道、公共交通、自行车道等）及其能提供的服务质量。在居住区空间形态和交通行为研究领域，建成环境通常由以下六个主要要素来描述：密度（Density）、混合度（Diversity）、设计（Design）、公交邻近度（Distance to Transit）、目的地可达性（Destination Accessibility）和到市中心的距离（Distance to City Center）。交通行为主要包括出行方式、频率、距离、时间、目的和出行链。自行车拥有量和汽车拥有量也通常被看成是广义的交通选择。

第三节　主要城市空间形态要素对居民出行能耗和碳排放的影响

一、紧凑城市发展对居民出行能耗和碳排放的影响

城市形态对交通能源消耗及其碳排放具有非常大的影响作用。早在20世纪八九十年代，Newman、Kenworthy和Ewing等学者就提出高城市人口密度有利于减少城市交通能源消耗及其碳排放的观点，认为紧凑、高密度的城市形态有利于提高公共交通使用比例和减少小汽车出行（Newman *et al.*，1989；Kenworthy *et al.*，1996；Ewing，1997）。之后，Newman（2006）将中国城市（人口密度全部大于100 人/hm^2）与美国亚特兰大（6 人/hm^2）进行对比，发现中国城市人均交通能源消耗（2 GJ/人）远小于亚特兰大（103 GJ/人）。

然而，城市紧凑发展有利于减少交通能源消耗及其碳排放的观点受到分散主义学者的质疑（Gordon and Richardson，1989）。倡导分散发展的美国学者Gordon等（1997）认为，市场机制能够促使城市多中心化，并能相对地降低能源消耗。持续的城市扩散会导致各种活动自然地"协调布局（Co-location）"，从而减少出行及其碳排放。在美国城市分散化发展背景下，其通勤距离正趋于稳定。这归因于

人们通过调整居住地或就业地的位置以缩短通勤距离。Reichert 等（2016）对德国的实证研究认为，假如把长距离的出行统计在内，紧凑发展模式并不一定能够减少出行碳排放。同时，很多学者也质疑 Newman（1989）和 Kenworthy（1996）的研究过于关注城市密度，认为出行行为与城市形态、社会经济和态度之间具有复杂的关系，城市密度不是影响出行模式和出行行为的唯一因素，即使是紧凑城市，其出行模式也未必是可持续的。

还有研究认为城市形态对城市交通能源消耗及其碳排放的影响不大。Schimek（1996）认为，城市密度对家庭小汽车使用的影响非常有限，即使城市密度有大规模的转变，对机动车出行的影响也是微不足道的。Anderson 等（1996）的研究则认为城市形态对城市交通能源使用及排放的影响不大。Breheny（1997）则提出应考虑紧凑城市是否能被公众所接受，充分分析紧凑城市政策的可靠性、可行性和可接受性，因为郊区化是居民生活方式选择的模式。Holz-Rau 等（2019）也质疑地方的土地利用和交通规划对交通碳减排的作用，他认为必须在国家层面对交通碳排放进行正常干预。另外，Schafer 和 Victor（1999）指出，亚洲国家在人口密度和出行方式结构上与欧美国家有巨大差异，欧美国家的研究结论未必适用于中国。总体上，宏观城市形态与城市交通能耗及其碳排放的因果关系尚未得出明确的结论。

紧凑城市虽然被很多学者质疑，但至今仍然是城市发展模式的主流思想，21世纪以来的很多研究都证实了其在减少交通碳排放中的作用。尤其是人口密度的提高、土地功能的混合、支持公共交通的发展、削弱小汽车的依赖等都对减少居民出行和交通碳排放具有相当积极的作用。

二、城市中心分布形式对交通出行能耗和碳排放的影响

继 Newman 和 Kenworthy 之后的很多支持紧凑城市的研究已不再单一地分析人口密度因素对交通碳排放的影响，同时还分析了城市中心分布形式、与城市中心的距离、通勤距离、职住空间匹配等方面的作用。Shim 等（2006）基于韩国 61

个中小城市数据的研究发现，交通能源消耗随城市人口规模、人口密度和城市集中度的增加而降低，多中心城市比单中心城市的交通能耗低。Chow（2016）在中国香港地区的研究则通过情景预测方法认为双中心的城市形态最有利于香港减少通勤交通碳排放。Carty 等（2011）在都柏林的研究认为，影响通勤碳排放的主要因素是通勤距离，而非传统上认为的通勤方式。城市中心区域就业供给和需求在空间上相匹配，以至于以短距离通勤为主。通勤距离通过对通勤方式选择的影响进一步影响通勤碳排放。Määttä-Juntunen 等（2011）则通过估算大型零售中心选址所对应的城市交通碳排放总和为发展紧凑城市提供了理论依据。

国内学者龙瀛等（2011）通过建立多智能体模型模拟了不同城市形态下的通勤交通能耗和碳排放，发现多就业中心紧凑和单就业中心紧凑的城市形态所对应的交通碳排放远比多就业中心分散和单就业中心分散的城市形态小。杨文越等（2015a）基于碳排放-位置分配模型的公共中心规划支持系统对广州规划1～6 个公共中心的小汽车出行碳排放空间格局进行模拟，发现构建新的中心能有效地减少小汽车出行碳排放总量，但具有边际效应。此外，通过构建居住区出行低碳指数模型和地理加权回归模型对广州居住区出行低碳指数的影响因素空间异质性进行研究，发现居住区人口密度对居住区出行低碳指数的影响以正向作用为主，公共交通供给水平和路网密集程度的影响以负向作用为主，且这些因素的影响作用具有空间异质性（杨文越等，2015b）。此外，Ma 等（2018）结合活动日志数据，采用自下而上的空间微观模拟方法对广州交通碳排放空间特征进行空间模拟，以此量化城市形态与交通碳排放之间的关系。He 等（2013）也通过采用自下而上的居民出行情景分析预测方法发现，出行方式的转变对减少中国城市交通碳排放作用最有效，若加以优化街道网络和城市形态将能使效果翻倍。

三、居住区人口密度对出行能耗和碳排放的影响

人口密度是出行碳排放研究中考虑得最多的建成环境影响因素。在大多数实

证研究中，居住区人口密度与居民出行碳排放之间呈反比关系，但也有部分研究发现它对出行碳排放的影响并不显著。Brownstone 等（2009）基于美国家庭出行调查数据的研究发现，居住人口密度每平方英里[①]减少 1000 户家庭，每户家庭每年汽车行驶里程将增加 1200 英里，汽车燃料将增加 65 加仑[②]。同时，居住人口密度还会通过影响居民选择不同类型（燃料经济）的车型对交通能源消耗造成影响。Modarres（2013）的研究证实了人口密度和不同族群在空间上的集聚对交通能源消耗的重要影响作用，居住在高密度地区的少数民族和低收入群体的通勤能源消耗较少。Alford 等（2009）对墨尔本地区的研究也证实了居住和就业密度越高，交通能源消耗越小的关系。Barla 等（2011）对加拿大魁北克的研究发现，较低人口密度的城市郊区和城市外围区域的被调查者其出行碳排放分别比城市中心地区高 27%和 70%。但同时他们也指出，增加城市郊区的居住人口密度未必能够大量减少出行碳排放，除非在郊区新建一个城市中心。Song 等（2016）基于 11037 份美国马萨诸塞州出行调查数据的研究认为，以高密度为特征的新城市建成环境有利于减少居民出行碳排放。Zahabi 等（2012）对蒙特利尔的研究则更加具体地指出，人口密度提高 10%将减少 3.5%的家庭交通温室气体排放。但也有研究发现，居住人口密度与交通碳排放之间呈非线性关系，当人口密度高达一定水平的时候，继续提高其密度对减少交通碳排放的效果将不显著（Hong，2015）。并且，Brand 等（2013）对英国的研究则显示居住人口密度对出行碳排放的影响并不显著。而 Ding 等（2014）以美国华盛顿为例的研究则发现，工作地人口密度比居住地人口密度对减少机动车行驶里程及其能源消耗和温室气体排放更加重要。此外，居住密度（建筑密度）也和交通碳排放呈负相关关系。Hong 等（2013）在美国普捷湾地区的研究发现，提高居住密度能够显著减少交通碳排放（其弹性系数为–0.15%～–0.37%）。

但国内不少研究得出了与国外相反的研究结论。姜洋等（2011）以济南为例的研究显示，居住人口密度和容积率最高的居住区其居民户均出行能耗远高于其他类型居住区。他们指出，高密度的城市建成环境在中国并非减少交通能耗的有

① 1 英里≈1.609 km
② 美制 1 加仑≈3.785 L

效模式。肖作鹏等（2011）在北京的研究也得出了人口密度与居民出行碳排放相关性不显著的结论。Cao 等（2017）在考虑了居住自选择效应的基础上发现，居住人口密度虽然对通勤碳排放没有直接效应，但具有显著的负向总体效应。然而，在其他类型出行，例如社交、休闲娱乐和日常购物出行，居住人口密度对其碳排放却具有显著的正向总体效应（杨文越等，2018）。

四、居住区土地利用混合度对出行能耗和碳排放的影响

土地利用混合度与出行碳排放之间呈负相关关系，居住区土地利用越多元化，居民出行碳排放则越少。Zahabi 等（2012）的研究显示，土地利用混合度每提高10%，将能减少 2.5%的家庭交通温室气体排放。Hong 等（2014）的研究显示，土地利用多样性对交通碳排放的弹性系数在–0.072～–0.112。国内柴彦威等（2011）、肖作鹏等（2011）的研究认为，土地利用混合度与居民出行碳排放呈显著的负相关关系，在中国城市郊区提高土地混合度比提高人口密度更能减少出行碳排放。Qin 等（2013）对北京的研究发现，居住区土地混合程度越高，就业岗位越多，家庭出行碳排放越小。黄经南等（2013）以武汉为例的研究发现，土地混合度越高，居民日常交通碳排放越低。出行碳排放高的家庭一般位于城市郊区、功能单一的大型住宅区和工业区、城市周边独立发展的新区。还有其他学者以广州、南京和济南为例的实证研究也得出类似的结论（姜洋等，2011；张杰等，2013；Cao *et al.*，2017；刘清春等，2018；满洲等，2018）。

五、居住区与就业地、城市中心的距离对出行能耗和碳排放的影响

居住地与就业地的距离对居民出行碳排放有显著影响。Brand 等（2013）的研究发现，居住地与就业地距离大于 20 km 的居民出行碳排放几乎都比距离只有 2～5 km 的大，但居住地和就业地之间的距离仅仅影响通勤碳排放，对其他类型出行（如购物和娱乐出行）碳排放影响不大。郑思齐等（2010）以北京为例的研究发现，居住地与就业地、公共服务设施之间的空间不匹配将增加私家车的出行

碳排放。童抗抗等（2012）通过情景分析方法论证了减少通勤距离对减少出行碳排放的作用。Qin 等（2013）对北京的研究认为，街区居住就业比例越平衡、到就业地的可达性越高，家庭交通碳排放越小。Ma 等（2015）对北京的研究也发现，居住在高就业密度、邻近就业中心的居民趋向于更短出行距离、选择低碳出行方式，更少通勤碳排放。杨上广等（2014）以上海为例的研究认为，居住郊区化与就业、医疗、教育等资源集中在中心城区所形成的空间不匹配导致了居民出行的高碳排放。还有以广州为例的研究也认为，居住区到城市公共中心的距离对通勤碳排放具有显著的正向总体效应，因此应控制城市无序扩张和积极引导多中心发展，尽可能缩短居住区与城市公共中心的距离（Cao *et al.*，2017；杨文越等，2018）。

六、居住区路网与交叉口密度对出行能耗和碳排放的影响

路网密度与交叉口也对居民出行碳排放有较大的影响。不少学者指出，小尺度、小网格街区有利于减少居民出行能耗（姜洋等，2011；张杰等，2013）。Hong 等（2014）的研究显示，道路交叉口密度与交通碳排放呈负相关，弹性系数在–0.035～–0.135。黄经南等（2015）的研究也显示，道路交叉口密度与交通出行碳排放呈负相关关系。杨文越等（2018）的研究发现，居住区路网密度对不同类型出行碳排放均具有显著的负向总体效应。这意味着，应加密社区道路网络，构建尺度宜人的非机动化出行环境，而不是采用大街区和宽马路的模式。

七、居住区公共交通供给水平对出行能耗和碳排放的影响

公共交通供给水平对居民出行碳排放也具有较大的影响。对澳大利亚的研究发现，公共交通的出行比例与交通能源消耗之间呈负相关性（Alford *et al.*，2009）。Zahabi 等（2012）的研究也发现，公共交通可达性提高 10%将减少 5.8%的家庭交通温室气体排放。Barla 等（2011）以加拿大魁北克为例的实证研究认为，城市中心较低的出行碳排放在一定程度上得益于较充足的公共交通供给，

而居民出行碳排放较高的城市郊区和外围地区则缺乏公共交通服务的覆盖。国内的研究几乎一致显示，地铁服务供给能够有效地减少出行碳排放（肖作鹏等，2011；Qin *et al.*，2013；Ma *et al.*，2015；Cao *et al.*，2017；Yang *et al.*，2018；杨文越等，2018），但常规公交的作用并不显著（刘清春等，2018）。甚至有的学者在对北京和广州的实证研究中发现其对出行碳排放具有正向影响作用（肖作鹏等，2011；Cao，2017）。

第三章 中国城市空间形态现状和发展趋势

本章重点分析全国城市主要空间形态指标的变化趋势，并以广州市天河区为典型研究对象，探讨城市内部空间形态的分析方法。

第一节 中国典型城市空间形态的主要特征及变化趋势

本研究应用可获取数据的全国26个省（自治区）的城市为研究对象，分析各省城市的主要形态特征和发展趋势。具体实现方法：收集各省2000年、2005年和2010年所有城市的空间形态指标，包括各市的城镇人口和建成区面积，加总获得全省的城镇人口和建成区面积，两者的比值即为全省的平均城市人口密度；以全省建成区面积与城市个数的比值，即平均建成区面积，表征各省城市规模的大小。

一、中国城市规模特征及变化趋势

改革开放以来，中国保持了持续快速的城镇化进程。统计数据表明，中国的城镇化水平由1978年的17.9%提高到2008年的45.7%，城镇人口从1.72亿增长到6.07亿，每年平均增加约1447万城镇居民，人口城镇化水平年均提高0.93个百分点，中国长期持续的大规模快速城镇化逐渐为世界所关注（曹广忠和刘涛，2011；United Nations，2010）。

城镇人口的快速提高必然导致城市空间的迅速扩张，从2000～2010年各省的县级以上城市建成区面积的增长情况来看，东中西部各省建成区面积均保持稳定增长（图 3-1）。东部地区建成区面积基数大，增长速度快；位于珠三角、长三角和环渤海湾三大经济圈的广东省、江苏省和山东省的建成区面积最大，2010 年三省建成区面积分别达到 3930 km^2、3255 km^2 和 3826 km^2；2000～2010 年期间，江苏省和山东省建成区面积保持稳定增长，广东省自 2005 年之后增长趋势有所放缓。河北、辽宁和浙江三省建成区面积的增长也十分迅速，但增长的绝对量小于三大经济圈的省份。福建省 2005 年之后建成区面积迅速扩大，广西和海南由于人口较少，经济发展较慢，建成区总面积不大，增长速度不高。中部地区各省建成区面积总量略小于东部地区，河南、湖北和黑龙江三省的建成区面积在中部地区最大，2010 年三省建成区面积分别为 2119 km^2、1880 km^2 和 1878 km^2；受经济和城市化进程的影响，山西、内蒙古、吉林、黑龙江、江西、湖北和湖南 7 省（区）在 2005 年之前建成区面积增幅不大，但 2005 年之后迅速增长，安徽省 2005 年之后建成区面积增幅不大，河南省 2000 年之后一直保持较高的增幅。西部地区人口较少、工业化和城镇化进程速度低于东部和中部地区，城市建成区面积相对较小。四川、新疆、山西和云南的建成区面积在西部地区最大，2010 年四省建成区面积分别为 1621 km^2、874 km^2、826 km^2 和 737 km^2；其中四川省在 2005 年之前建成区面积增幅较大，其他三省 2005 年之后建成区面积增长迅速。甘肃、贵州、宁夏和青海建成区面积基数较小，涨幅不大。

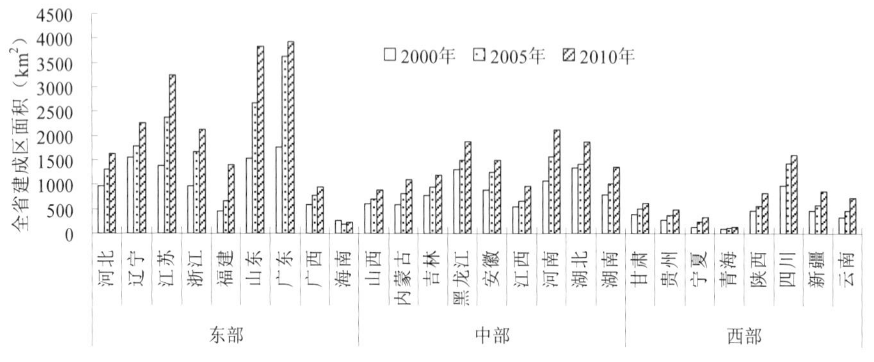

图 3-1　2000～2010 年中国各省城市建成区面积变化特征

注：依据 2001～2011 年《中国统计年鉴》绘制；东、中、西部的划分参考国家统计局 2003 年发布的标准；暂无西藏数据，在图中没有列出。

本章以全省建成区面积与城市个数的比值，即平均建成区面积，表征各省城市规模的大小。受经济和人口总量的影响，东部各省城市规模明显大于中部和西部地区，中部地区城市规模略大于西部（图 3-2）。东部地区广东、江苏、山东和辽宁省城市规模最大，2010 年四省平均建成区面积分别为 89 km^2、83 km^2、80 km^2 和 73 km^2，海南和广西省城市规模较小。中部地区各省城市规模差别不大，目前城市平均建成区面积基本在 70 km^2 以下，安徽、黑龙江和河南三省平均建成区面积最大，分别为 68 km^2、63 km^2 和 56 km^2。西部地区山西、四川和宁夏三省的城市规模最大，平均建成区面积分别为 64 km^2、51 km^2 和 48 km^2，其余省份平均建成区面积约为 40 km^2。由于研究期内，各省城市数量的调整不大，因而变化趋势与全省建成区面积增长趋势大致相同。2000～2010 年，东中西部城市规模均有较大规模的扩张；研究期内东部地区城市规模平均增长 1 倍，福建省城市平均规模扩大 2 倍多，江苏、浙江、山东、广东省城市规模约增长了 1.5 倍，河北省增长了约 1 倍，辽宁和广西增长了 0.5 倍，海南省城市规模增长不大。2005 年之前，经济发达的广东、浙江、江苏和山东城市规模迅速扩大，之后扩大趋势有所放缓。相对于东部地区，中西部城市规模增长幅度稍小，十年间平均涨幅约为 60%，但 2005 年之后城市规模扩张开始加速。

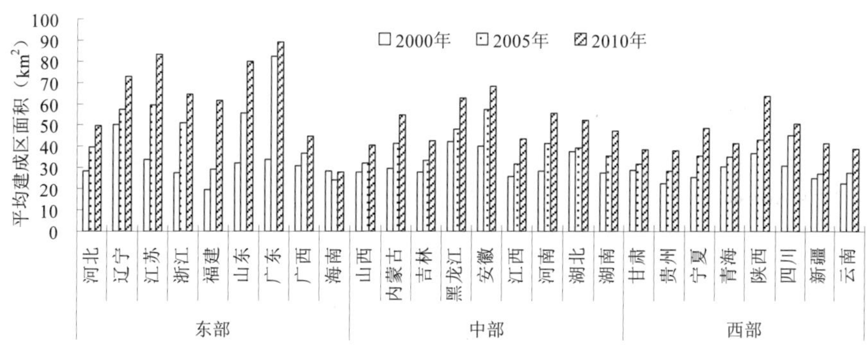

图 3-2 2000～2010 年中国各省城市平均建成区面积变化特征

注：依据 2001～2011 年《中国统计年鉴》绘制；东、中、西部的划分参考国家统计局 2003 年发布的标准；暂无西藏数据，在图中没有列出。

总体而言，东部地区城市数量多、规模大，建成区面积增长幅度大，但扩张速度自 2005 年之后有所放缓；中部和西部地区城市总体规模虽小于东部地区，但

2005 年之后扩张开始加速。依据目前我国城市建成区面积的增长情况，结合城市化发展趋势，我国城市规模还将持续增长。

二、中国城市人口密度特征及变化趋势

中国城市化水平的快速提高必然导致城市规模的扩张，但片面强调城镇化水平的提高导致城市发展的质量不高，如何在保证当前城市化高速增长的基础上，提高城市化发展质量，是我们面对的重大难题（王德利等，2010）。当前，我国东部沿海地区以及经济发达地区正在经历快速城市化和工业化，许多城市在其飞速发展中已出现蔓延特征，并开始承受城市低密度发展所带来的巨大成本（刘卫东和谭韧骠，2009）。

从全国城市土地利用的集约程度来看，2000 年之后，各省城市人口密度均出现不同程度的降低（图 3-3）；从区域特征来看，2000 年东、中、西部人口平均密度分别为216 人/hm^2、188 人/hm^2和210 人/hm^2，至2010年，分别降至157 人/hm^2、155 人/hm^2 和 175 人/hm^2，东部城市人口密度降低的幅度更为明显。与东部建成区面积迅速增长相对应，2000～2005 年经济发达省份江苏、浙江、山东和广东人口密度大幅降低，2005 年之后降低趋势有所减缓；广西和辽宁人口密度降低幅度不大，河北和海南人口密度略有提高；福建省城市人口密度一直处于降低趋势。中部地区 2000 年前后城市人口密度普遍低于东部，研究期内人口密度降低幅度小于东部地区，但 2005 年之后，山西、吉林、黑龙江、江西、湖南和湖北等省人口密度下降幅度较大。目前西部地区城市人口密度平均水平反而略大于东部和中部，主要原因是贵州、云南等省山区城市较多，人口密度大。宁夏和新疆一直保持较低的城市人口密度，青海和甘肃 10 年间城市人口密度变动幅度不大。

总体来看，各省城市人口密度呈显著下降趋势，东部地区 10 年间下降趋势更为显著，但近年来有所回升，受经济发展和城镇化的影响，中部地区 2005 年之后人口密度降幅显著。西部地区城市人口密度差异较大，贵州、云南等山区省份，人口密度较大，但近年来也大幅降低；宁夏和新疆等省一直保持较低的城市人口密度。

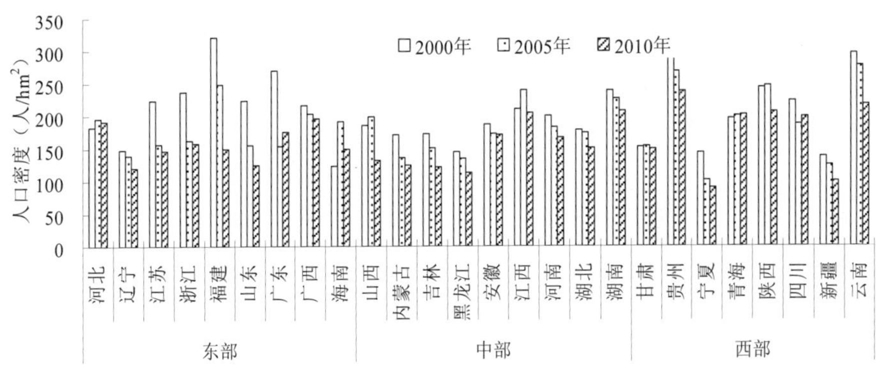

图 3-3　2000～2010 年中国城市人口密度变化特征

注：依据 2001～2011 年《中国统计年鉴》绘制；东、中、西部的划分参考国家统计局 2003 年发布的标准；暂无西藏数据，在图中没有列出。

三、典型城市人口密度特征及变化趋势

在初步分析了全国城市空间形态基本特征的基础上，研究以北京、上海、天津、重庆、广州为典型样本，分析了我国典型城市人口密度的变化趋势。从五个城市人口密度的主要特征来看，重庆的人口密度最高，其次是上海和天津，北京和广州人口密度最低，2000—2010 年的 10 年间，五大城市人口密度均呈现明显下降趋势（图 3-4）。

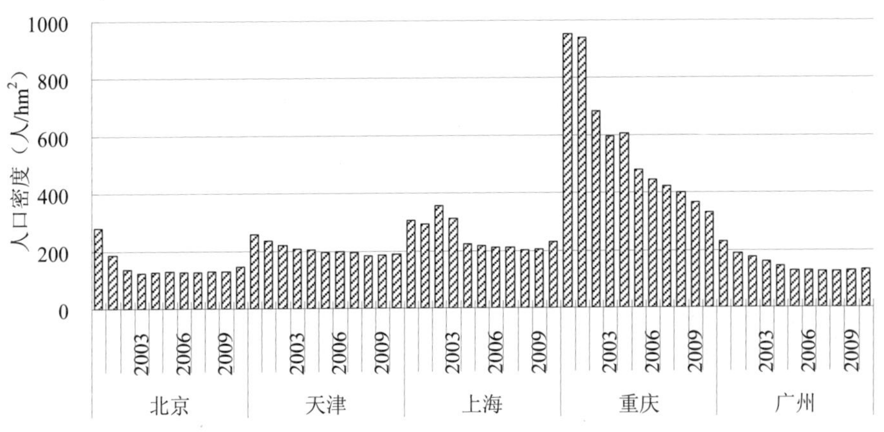

图 3-4　我国典型城市人口密度及分类

第二节 典型城市内部空间形态调查与评估

一、研究区概况

城市尺度的数据重点分析城市规模、城市人口密度等特征，无法分析城市内部特征，反映局部和区域的差异。本研究选取广州市天河区为主要研究对象，利用遥感影像数据，系统分析该地区城市空间形态的主要特征。

广州市地处中国南部，广东省中南部，珠江三角洲北缘，濒临南海，毗邻香港和澳门，是广东省的省会。全市总面积 7434.4 km^2，包含 10 个区和 2 个县级市。根据第六次人口普查的结果，广州市常住人口在近 30 年始终保持年均 2%的速度增长，到 2010 年末全市人口达到 1270 万人，是我国继北京、上海之后的第三大城市。

天河区位于广州市中部，珠江北岸，地理坐标东经 113°15′55″～113°26′30″，北纬 23°06′00″～23°14′45″，东西极限长 18.75 km，南北极限长 15.75 km，建成区面积 96.33 km^2，总面积 137.38 km^2，常住人口 143.37 万人（图 3-5）（广州统计局，2010）。

天河区是广州市的城市中心区，位于林和、天河南、石牌、冼村和猎德街道内的珠江新城中央商务区（CBD）是国务院批准的三大国家级 CBD 之一，是广州市最重要的就业中心。天河区共 21 个街道，根据《广州市大型零售商业网点发展规划》，可将 21 个街道划分为中心商业区、东部工业区、天源路–广汕路产业带和一般街道四类区域（广州市经济贸易委员会，2013）。中心商业区包括天河南、林和、石牌、冼村和猎德街道，区域内商业建筑众多。东部工业区包括棠下、车陂、黄村、前进、珠吉街道，区域内工厂用地集中。天源路–广汕路产业带西起沙河，东至龙洞街道，沿天源路和广汕路分布。新塘、凤凰、长兴、员村等为一般街道。

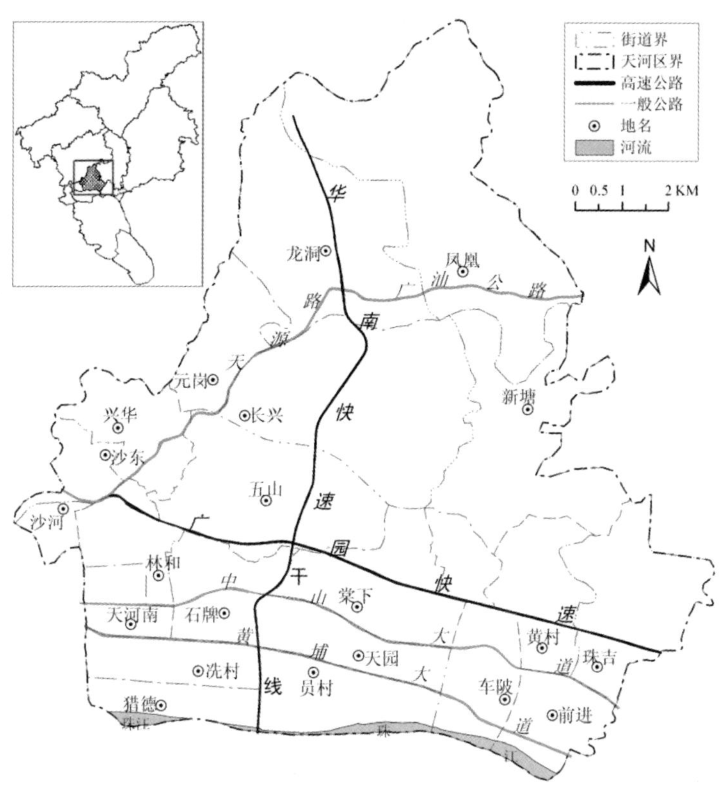

图 3-5　广州市天河区地理位置

二、研究数据

本研究采用的遥感数据为广州市天河区 2010 年 2 月成像的 QuickBird 数据，全色波段空间分辨率 0.61 m，数据的预处理包括影像的辐射标定、几何配准、大气纠正、数据融合等。各街道人口为 2010 年广州市第六次全国人口普查数据。土地利用图为广州市 2007 年 1∶2000 标准分幅土地利用现状图。用于确定高校学生宿舍信息的地图为广州市都市圈地图。

三、研究方法

利用高分辨率遥感数据，依据建筑屋顶的光谱信息、纹理特征等空间信息，采用面向对象法对建筑进行提取和分类，并结合广州市土地利用图对分类结果进行验证和修订。在此基础上，应用格网法分析研究区的建筑密度、人口分布和土地利用多样性。

（一）建筑信息提取及分类方法

采用面向对象法（Object Oriented）提取建筑信息，该方法集合临近像元为对象以识别提取目标光谱要素，充分利用高分辨率的全色和多光谱数据的空间、纹理和光谱信息对图像分割和分类，以高精度的矢量结果输出（乔程等，2008；Laurent 等，2008）。

以天河区 2010 年高分辨率遥感影像为基础，应用遥感影像处理软件 ENVI 4.8 版本中的 Feature Extraction（FX）模块对影像中的建筑进行提取，其流程分为发现对象和特征提取两部分（邓书斌，2010）；本章对建筑信息提取的步骤和参数设置见图 3-6 和表 3-1。

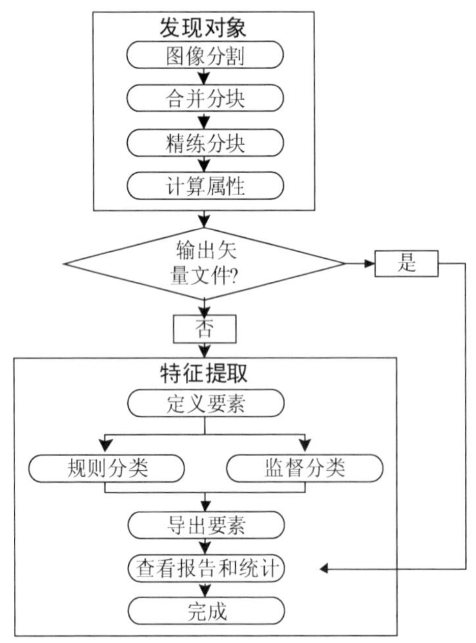

图 3-6 面向对象分类流程示意图

表 3-1　建筑提取的主要步骤和参数设置

操作步骤	阈值/参数设置	依据	目的
发现对象			
Segment	30～90	临近像素的亮度、纹理、边缘特征等	分割区域影像
Merge	>90	属性、目标的大小	合并同属性临近斑块
Compute attributes	-	空间、光谱、纹理、颜色空间属性等	
特征提取			
Bandratio	<0.3	光谱属性	剔除植被、水体等
rect_fit	0.5～1	空间属性	剔除道路等
avgband2	<600	光谱属性、空间属性等	剔除水泥地面、广场等
area	>40 m^2	面积属性	剔除非建筑小斑块

由于研究区建筑类型多样，在提取过程中参数设置会结合影像质量和建筑特征做适当调整。建筑信息提取后，反复对比影像特征，建立建筑分类标志，对其进行分类。将提取并分类的建筑信息与 2007 年广州市 1∶2000 的土地利用现状图进行叠加，对分类结果进行验证和修订，以提高分类的准确性。由于天河区属于中心城区，2007—2010 年土地利用变化较小，利用 2007 年土地利用现状图对建筑种类进行验证和修订具有一定的可行性。天河区高校众多，仅华南理工大学、暨南大学、华南师范大学、华南农业大学以及广东工业大学的在校学生数量就已达到 15 万以上（广州统计局，2012），而学生居住建筑的人口密度与普通居住建筑有显著差异，因而参考广州市都市圈地图，将学生宿舍建筑单独分类。最终，将提取的建筑分为 17 类（图 3-7）。

（二）建筑密度分析方法

选取建筑密度表征城市物理空间的紧凑程度以及各类建筑的空间分布特征。建筑密度是指一定面积的区域内，所有建筑占地面积的比例，它可以反映一定区域内的空地率和建筑密集程度，计算公式如下：

$$D(x)=\frac{\sum_{n=1}^{N}S_n}{u} \qquad 3.1$$

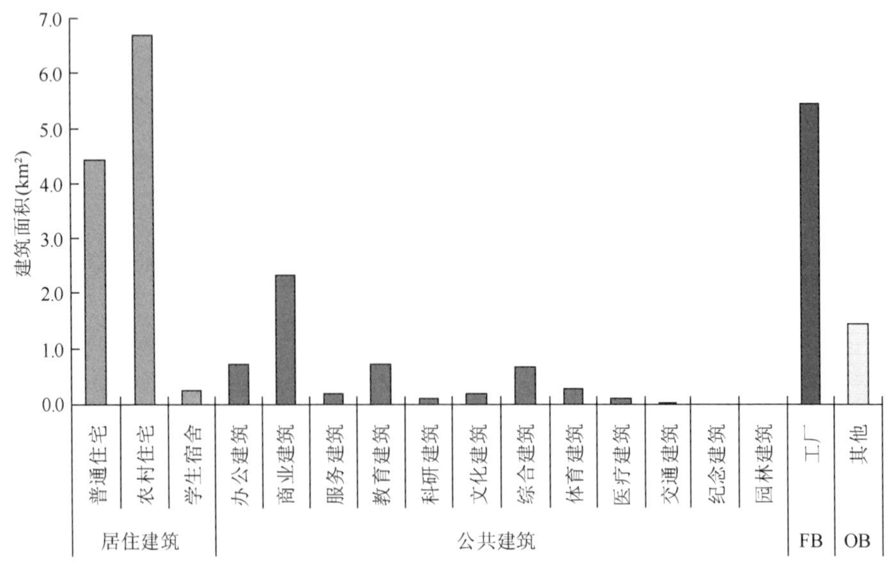

图 3-7 建筑提取结果

注：FB 为工业建筑，OB 主要为在建建筑。

式中，$D(x)$为网格 x 的建筑密度；n 为建筑类型；N 为网格 x 中的建筑类型总数；S_n 为网格 x 中第 n 类建筑的占地面积；u 为网格面积。栅格大小为 500 m×500 m，因而网格面积为 0.25 km^2。

（三）人口密度分析方法

建筑信息提取和分类后，以居住建筑信息为基础，依据土地利用密度法估算居住建筑人口密度。土地利用密度法的基本原理是：若区域内有 m 个行政街道，n 种居住建筑，各街道的统计人口为 P_m；假设同一区域内同一类居住建筑的人口密度相同，各类居住建筑的人口密度分别为 D_1，D_2，…，D_n；结合遥感影像提取的每个街道内各类居住建筑的面积 S_{mn}（m=1，2，…，m；n=1，2，…，n），则可建立公式 3.2，当街道个数大于居住建筑类型数，即 $m>n$ 时，依据最小二乘法原理，即可求得该区域内与统计人口误差最小的各类住宅建筑的人口密度估计值，进而可以求得街道的人口估计值 P_e（公式 3.3），并分析估算误差 ΔP（公式 3.4）。本研究已知天河区 21 个街道的统计人口，各街道住宅面积为遥感影像建筑信息的提取结果，因而可以对21个街道各类居住建筑的人口密度进行估算。

$$\begin{aligned} P_1 &= S_{11}D_1 + S_{12}D_2 + \cdots + S_{1n}D_n \\ P_2 &= S_{21}D_1 + S_{22}D_2 + \cdots + S_{2n}D_n \\ &\cdots \\ P_m &= S_{m1}D_1 + S_{m2}D_2 + \cdots + S_{mn}D_n \end{aligned} \quad 3.2$$

$$P_e = S_1D_1 + S_2D_2 + \cdots + S_nD_n \quad 3.3$$

$$\Delta P = \frac{|P_m - P_e|}{P_m} \quad 3.4$$

求得各类居住建筑人口密度之后，采用格网法构建城市人口空间分布模型模拟研究区人口的空间分布。基本原理如公式3.5所示：

$$D(P_x) = \frac{\sum_{n=1}^{N} S_n D_n}{u} \quad 3.5$$

式中，D（Px）为网格 x 内的人口密度；n 和 N 分别为网格内居住建筑的类型和类型总数；S_n 和 D_n 分别为网格中第 n 类居住建筑的占地面积和居住建筑人口密度；u 为格网面积。

（四）土地利用多样性分析方法

建筑信息提取和分类后，选用Shannon-Weaver指数表征城市土地利用多样性，其大小取决于两个方面：一是区域内建筑类型的多少，二是建筑类型在个数上的均匀程度。对建筑信息进行网格化后，计算公式如下：

$$H(x) = -\sum_{i=1}^{I} p_i \ln(p_i) \quad 3.6$$

式中，H（x）为网格 x 的土地利用多样性；i 为建筑类型；I 为网格 x 中的建筑类型总数；p_i 为网格 x 内第 i 类建筑个数占建筑总数的比例。

四、研究结果与分析

（一）建筑信息提取及分类结果

研究共提取建筑物样本12911个，面积合计24.1 km^2，部分城中村建筑单体间距非常小，影像识别和提取时将紧密连续分布的单体建筑合并为单个斑块。居住建筑、公共建筑、工厂建筑、其他建筑占地面积分别为11.96 km^2、5.29 km^2、5.45 km^2、1.46 km^2。其中，普通住宅、农村住宅以及工厂是研究区占地面积最多的建筑类型。普通住宅包括所有城镇住宅用地上的小区住宅、家属院等城市居住建筑；农村住宅包括城中村及农村宅基地上的各类农村居住建筑；学生宿舍为高校内的宿舍建筑。各类建筑用地面积见图3-7。

为了分析建筑面积提取的精确性，分别在城市中心和外围的石牌、车陂和龙洞街道选取三个样方，共63栋建筑，比较解译面积与实际面积的误差；建筑实际面积取自官方公布数据（广州市国土资源和房屋管理局，2011）。解译面积与样本实际建筑用地面积的平均相对误差为13%（表3-2），提取结果较为准确。提取建筑的分类结果也与土地利用现状图保持较高的一致性，因而建筑的提取和分类结果可以用于后期人口密度及土地利用多样性的分析。

表3-2 建筑空间信息误差检验

	总建筑面积（m^2）	总户数（户）	建筑数量（栋）	解译建筑面积（m^2）	误差
芳草园	244837	1258	8	268196	10%
金田花园	96000	934	9	110025	15%
旭景家园	215471	2250	7	192172	–11%
城市假日园	205030	933	4	171281	–16%
保利林海	207000	1600	20	238800	15%
世纪绿洲&君林天下	550000	3800	15	504587	–8%
合计	1518338	10775	63	1485061	13%

（二）建筑的空间分布及密度特征

研究区的建筑主要分布在广园快速路以南、珠江以北，天源路和广汕路沿线建筑分布的连续性也较强（图 3-8a）。东部工业区广园快速路和中山大道两侧的建筑密度最大，该区域居住建筑和工厂用地集中，建筑密度最高可达 0.8，即面积为 1 km^2 的网格内，建筑用地面积为 0.8 km^2；中心商业区公共建筑众多，开放空间较大，因而建筑密度略低于东部工业区。天广产业带以西的沙河和沙东街道是研究区重要的服装批发集散地，建筑密度与中心商业区相当。凤凰、新塘、长兴等街道的建筑密度整体偏低。天河区界内空白区域建筑密度低于

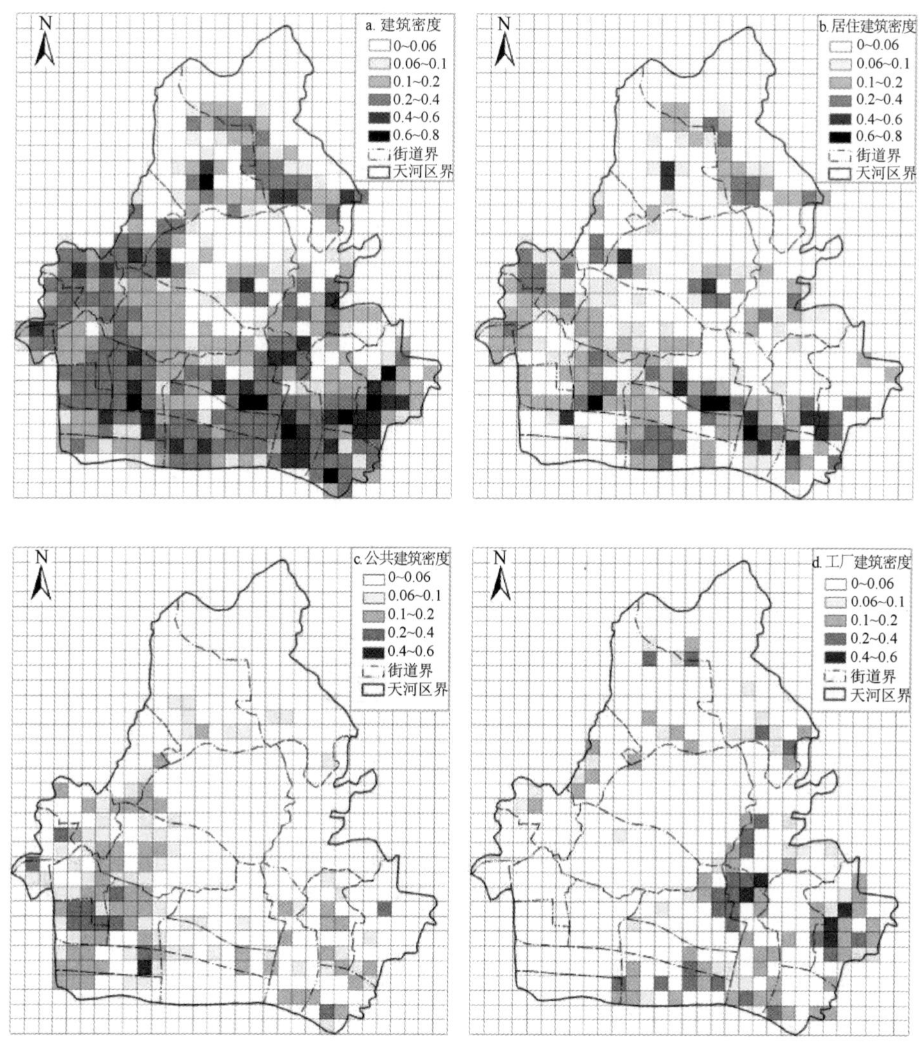

图 3-8　各类建筑的密度及分布特征

0.06，主要为山体、水体、耕地及植被分布区；下文各指标不对该区域进行分析，以“NULL”表示。居住建筑是研究区最主要的建筑类型，沿交通干线与公共建筑和工业建筑交错分布。东部工业区居住建筑密度最高，数值可达 0.8；该区域城中村众多，居住建筑用地强度最大。中心商业区内公共建筑众多，且居住建筑以住宅小区为主，居住建筑密度多在 0.2 左右（图 3-8b）。公共建筑主要分布在中心商业区，密度最高可达 0.6；东部工业区及天广产业带也有一定量的分布，密度多低于 0.2（图 3-8c）。工厂主要在东部工业区，天源路和广汕路沿线也有少量分布（图 3-8d）。

（三）人口分布模拟结果

1）居住建筑人口密度估算结果

受区位和建设时期的影响，不同街道各类居住建筑的人口密度往往存在一定差异；研究首先对所有街道进行方程组构建，依据最小二乘法原理，以公式3.2计算出各类居住建筑的人口密度后，将运算结果作为估算相对误差小于10%的街道的居住建筑人口密度；继而对估算偏高和偏低，且误差大于10%的街道分别进行第二次和第三次方程组重构和估算，最终获得各街道居住建筑人口密度估算值。如表3-3所示，三次方程组构建和估算的相关系数 R^2均大于0.9，且 F 检验显著性的 P 值都小于0.05，表明五组回归方程均能够准确预测街道居住建筑人口密度。

表 3-3 居住建筑人口密度模型拟合度

	居住建筑人口密度（人/km²）			相关系数（R^2）	F 检验显著性（P）
	普通住宅	农村住宅	学生宿舍		
一次运算	221632	47150	345660	0.90	0.00
低估街区二次运算	291658	75418	243696	0.99	0.00
低估街区三次运算	256348	63857	123999	0.98	0.03
高估街区二次运算	177937	22312	419339	0.97	0.00
高估街区三次运算	159829	11127	489387	0.89	0.04

三次估算过程如表 3-4 所示：第一次估算中，车陂、林和等 4 个街道估算误差小于 10%，因而将此次估算结果作为这 4 个街道的居住建筑人口密度，继而对估算误差大于 10%的街道进行第二次和第三次估算。对高估街道的第二次估算中，长兴、黄村等 4 个街道估算误差小于 10%，猎德、兴华等 5 个街道的估算结果依然偏高，因而将此次估算结果作为长兴、黄村等 4 个街道的居住建筑人口密度。继续对猎德、兴华等 5 个街道做第三次估算，并将此次估算结果作为猎德、兴华和天园 3 个街道的居住建筑人口密度，但凤凰和沙东街道的估算依然偏高。从高

表 3-4 居住建筑人口密度估算过程

街道名称	统计人口（万人）	一次估算		高估街道二次估算		高估街道三次估算		低估街道二次估算		低估街道三次估算	
		估算人口（万人）	估算误差（%）	估算人口（万人）	估算误差（%）	估算人口（万人）	估算误差（%）	估算人口（万人）	估算误差（%）	估算人口（万人）	估算误差（%）
车陂	10.28	9.5	–8	-	-	-	-	-	-	-	-
林和	5.97	6.2	3	-	-	-	-	-	-	-	-
龙洞	7.01	7.6	9	-	-	-	-	-	-	-	-
沙河	4.28	3.9	–9	-	-	-	-	-	-	-	-
长兴	6.61	9.1	37	6.5	–2	-	-	-	-	-	-
黄村	2.95	4.2	44	2.9	–1	-	-	-	-	-	-
五山	13.18	15.6	19	13.9	5	-	-	-	-	-	-
员村	8.18	10.7	30	8.0	–2	-	-	-	-	-	-
猎德	2.25	3.3	48	2.6	17	2.4	5	-	-	-	-
兴华	6.81	10.5	54	7.9	17	6.9	1	-	-	-	-
天园	5.48	8.7	58	6.9	25	6.0	9	-	-	-	-
凤凰	1.95	5.9	203	3.5	77	2.4	22	-	-	-	-
沙东	2.95	5.1	74	4.0	35	3.5	18	-	-	-	-
前进	5.97	4.2	–30	-	-	-	-	5.9	–1	-	-
石牌	17.72	14.7	–17	-	-	-	-	18.3	3	-	-
棠下	17.79	13.5	–24	-	-	-	-	18.4	3	-	-
冼村	5.13	4.1	–20	-	-	-	-	5.6	9	4.9	–5
天河南	6.29	5.5	–13	-	-	-	-	7.3	16	6.4	1
新塘	4.12	3.2	–21	-	-	-	-	4.8	16	4.0	–2
元岗	3.06	2.7	–10	-	-	-	-	3.8	23	3.2	5
珠吉	5.26	4.2	–21	-	-	-	-	6.3	19	5.4	2

估街道第三次估算的结果来看，其普通住宅和农村住宅人口密度已经是三次估算中的最低水平，但学生宿舍人口密度高于周边街道。因此，将凤凰街道的学生宿舍人口密度与相邻的新塘街道按相同处理，最终对凤凰街道的人口估算误差小于10%。由于沙东街道没有学生宿舍，而农村住宅面积较小，因此利用高估街道第三次估算中的农村住宅人口密度，结合统计人口，计算该街道的普通住宅人口密度。按照相同的方法对低估街道做第二次和第三次方程组重构和估算，经过两次估算所有街道人口估算误差均小于10%。

各街道居住建筑人口密度估算结果如表3-5所示，2010年全国第六次人口普

表3-5 居住建筑人口密度估算结果

街道	居住建筑面积（km^2）			居住建筑人口密度（人/km^2）			估算人口（万人）	统计人口（万人）	误差
	普通住宅	农村住宅	学生宿舍	普通住宅	农村住宅	学生宿舍			
车陂	0.29	0.64	0.000	221632	47150	0	9.5	10.3	8%
林和	0.25	0.04	0.011	221632	47150	345660	6.2	6.0	3%
龙洞	0.20	0.54	0.022	221632	47150	345660	7.6	7.0	9%
沙河	0.16	0.07	0.002	221632	47150	345660	3.9	4.3	9%
长兴	0.26	0.66	0.014	177937	22312	419339	6.5	6.6	2%
黄村	0.12	0.31	0.001	177937	22312	419339	2.9	3.0	1%
五山	0.55	0.03	0.098	177937	22312	419339	13.9	13.2	5%
员村	0.40	0.35	0.003	177937	22312	419339	8.1	8.2	2%
猎德	0.15	0.02	0.000	159829	11127	0	2.4	2.3	5%
兴华	0.39	0.35	0.005	159829	11127	489387	6.9	6.8	1%
天园	0.38	0.06	0.000	159829	11127	0	6.0	5.5	9%
凤凰	0.06	0.90	0.008	159829	11127	123999	2.1	1.9	8%
沙东	0.21	0.01	0.000	134649	11127	0	3.0	2.9	0%
前进	0.12	0.32	0.000	291658	75418	0	6.0	6.0	1%
石牌	0.51	0.27	0.062	291658	75418	243696	18.3	17.7	3%
棠下	0.47	0.58	0.009	291658	75418	243696	18.4	17.8	3%
冼村	0.15	0.16	0.000	256348	63857	0	4.9	5.1	5%
天南	0.24	0.04	0.000	256348	63857	0	6.4	6.3	1%
新塘	0.04	0.46	0.006	256348	63857	123999	4.0	4.1	2%
元岗	0.08	0.17	0.004	256348	63857	123999	3.2	3.1	5%
珠吉	0.07	0.57	0.000	256348	63857	0	5.4	5.3	2%
合计	NA	NA	NA	NA	NA	NA	145	143	NA
平均	NA	NA	NA	NA	NA	NA	NA	NA	4%

查天河区的人口总数为143.2万，本研究估算人口为145.4万，总体误差小于2%；21个街道人口估算的平均相对误差为4%，准确度高于我国已有基于土地利用密度法的城市人口密度模拟研究（鹿琳琳和郭华东，2008；徐建刚等，1994；吕安民等，2004）。

2）城市人口空间分布模拟结果

模拟得到各街道的居住建筑人口密度后，依据城市人口空间分布模型，在500 m×500 m网格中对研究区的居住人口分布进行模拟。模拟结果如图3-9所示，广州市天河区的人口主要集中在广园快速路以南的带状区域内，林和、石牌、天河南等街道所在的中心商业区及东部工业区的棠下、车陂、前进等街道的人口密度最大，平均水平接近 4 万人/km^2；其中，天河区的主干道之一，中山大道两侧的人口密度明显高于其他区域；中心商业区及东部工业区内人口密度偏低的区域主要为商业建筑和工厂分布密集区，土地利用单一，居住建筑较少。天源路–广汕路产业带以西的沙河等街道的人口密度也较高，平均水平在 2 万人/km^{2}左右；产业带内天源路两侧人口的分布相对集中。距离城市中心较远的新塘、凤凰、长兴、龙洞等街道的人口密度整体偏低，部分区域人口密度低于0.4 万人/km^2。天河区界内空白区域为山体、水体、耕地及植被分布区。模拟结果有效反映了产业分布以及道路基础设施对人口分布的重要聚集作用，并有效剔除了山体、水体、植被等用地类型对人口分布的影响，较为真实地反映了城市内部人口分布的差异，能有效表征研究区人口分布的实际状况。

（四）土地利用多样性模拟结果

如图3-10所示，天广业带以西的沙河、沙东、兴华以及龙洞街道的土地利用多样性最高；其次是东部工业区的车陂、前进、棠下等街道；相比较而言，中心

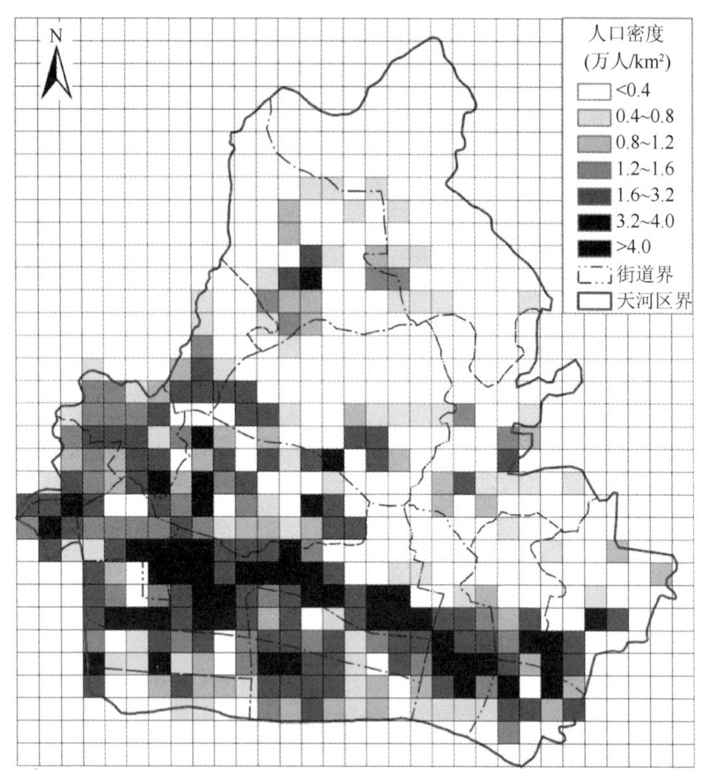

图 3-9 研究区人口密度分布特征

商业区的土地利用多样性整体偏低。沙河、沙东、兴华等街道是广州市最重要的服装批发集散地，同时集中了多家医疗机构，建筑种类众多，多样性指数基本在 1.5 以上；除居住建筑外，龙洞街道还有一定数量的商业建筑、工厂及科研教育建筑，因而土地利用多样性较高。东部工业区的车陂、前进、棠下等街道除了有各类居住建筑以外，还有部分工厂和大型商业建筑，因而土地利用多样性较高。中心商业区内以高端商业建筑为主，其他类型的建筑种类较少，大型商业建筑周边的开放空间大，单位面积内的建筑种类较少，因而土地利用多样性整体偏低。

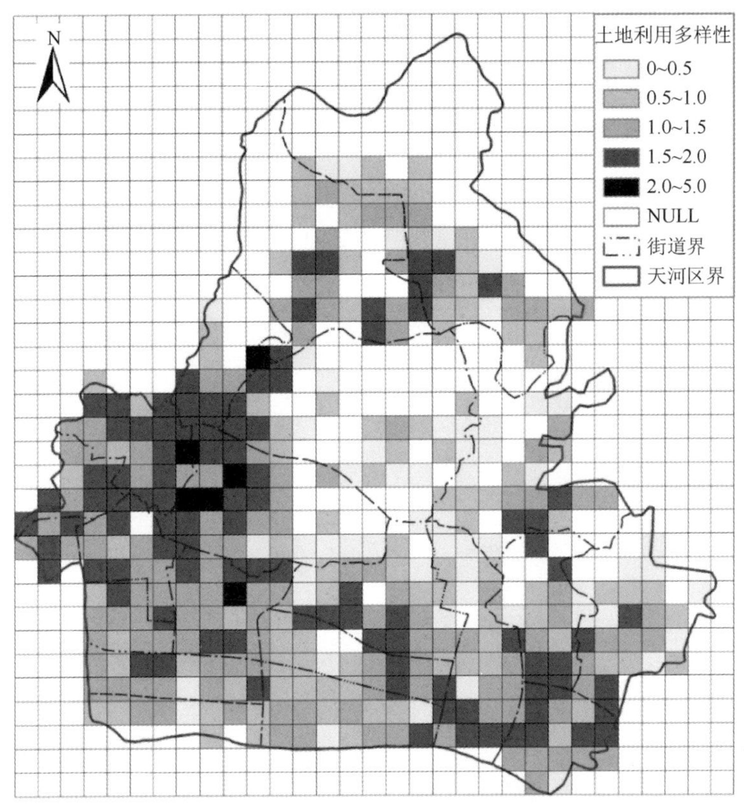

图 3-10　土地利用多样性分布特征

第三节　主 要 结 论

本章重点分析了全国城市主要空间形态指标的变化趋势，并以广州市天河区为典型研究对象，探讨城市内部空间形态的分析方法。2000—2010 年期间，我国城市规模持续扩大，但人口密度却逐年降低；东部地区城市数量多、规模大，建成区面积增长迅速，但涨幅自 2005 年之后有所放缓；中部和西部地区城市总体规模虽然小于东部，但增长迅速。各地区城市人口密度均呈逐年下降趋势。

利用广州市天河区的高分辨率遥感影像数据，应用面向对象法提取了研究区的建筑并进行分类，在此基础上以建筑密度、人口密度和土地利用多样性为评价指标，采用格网法分析了研究区城市空间形态的主要特征。该方法能有效表征城市内部不同区域空间形态的差异；同时，以格网法表征城市空间形态指标能有效剔除山体、水体、植被等因素对模拟的干扰，空间数据被落实到建筑所在的用地上。研究的思路和方法为城市空间形态的定量化分析提供了借鉴。

第四章　中国典型城市空间形态对居民出行能耗的影响

本章以全国26个省（自治区）的城市为研究对象，分析了我国城市主要城市空间形态指标对居民交通能耗的影响；接着以北京、上海、天津、重庆和广州为典型城市样本，应用5个城市2000～2010年的样板数据，分析了城市人口密度对居民交通能源消费的影响，进而根据城市人口密度将城市划分为低密度城市和高密度城市，并通过STIRPAT模型评估了不同人口密度条件下，城市空间形态指标和居民社会经济属性对交通能耗的影响，研究揭示了不同城市人口密度条件下，各因子对居民交通能耗影响的差异。

第一节　中国城市人口密度和规模与居民出行能耗的相关性

已有对欧美城市的研究表明，城市大小、人口密度是影响居民出行能耗的重要因素，城市低密度蔓延是导致居民出行能耗提高的重要因素，而以上分析表明，目前我国城市规模正处于不断扩大的时期，然而城镇化的推进并没有有效的集中人口，全国城市人口密度呈现持续降低的趋势；在此背景下，研究中国城市空间形态的各要素对交通能耗的影响具有重要意义。

利用各省2000年、2005年和2010年城市居民人均交通能耗、人口密度和平均建成区面积的截面数据，制作散点图。从图4-1可以看出，建成区面积和人口密度与居民人均交通能耗已经呈现出一定的正相关和负相关，即建成区面积越大，人均交通能耗越高，人口密度越大，人均交通能耗越小。分别对散点数据进行乘幂回归，相关指数 R^2 仅为 0.42 和 0.19，相关系数偏小。主要原因有两点，一是中国城市发展水平的区域差异较大，建成区面积或人口密度单个因子解释所有城市居民出行能耗的能力还较弱，尤其是中西部中小城市较多，居民收入水平偏低，人口密度和城市规模对交通能耗的约束能力不高。二是研究以省为分析单位，对省内所有城市的截面数据进行了平均化处理，忽略了同一省份内不同城市之间的差异，对拟合结果可能有一定影响。因此，研究进一步选取单个城市为样本继续分析人口密度和建成区面积对居民出行能耗的影响。

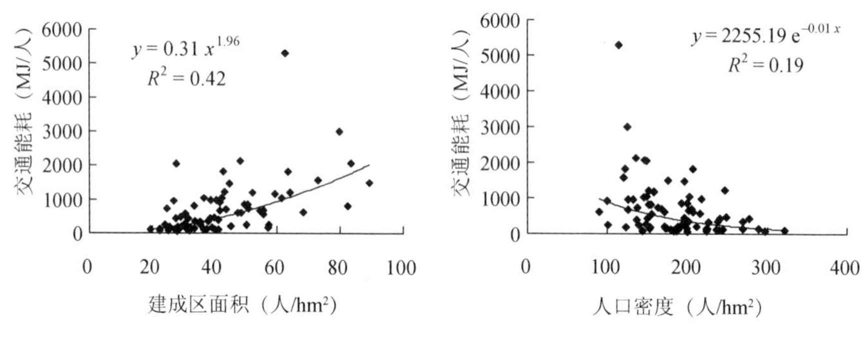

图 4-1　建成区面积（左）和人口密度（右）与人均交通能耗

第二节　中国典型城市人口密度与居民出行能耗的相关性

在分析了全国城市空间形态基本特征以及与交通能耗的关系后，本研究以北京、上海、天津、重庆、广州为典型样本，确定典型城市人口密度与居民出行能耗的相关性。明确城市空间形态和居民社会经济属性等因素对居民出行能耗的综合影响。

城市空间结构的紧凑发展和低密度蔓延是研究城市空间形态的主要内容，在讨论城市空间形态对居民出行能耗影响的机制时，多分析空间的紧凑和分散特征对居民出行及能耗的影响。城市空间紧凑性的测度指标众多，其中人口密度是衡量城市人口和空间集中程度的重要指标。目前，对于何种紧凑程度更有利于城市的可持续发展还没有统一定论，同时也缺乏相关的划分标准。研究依据我国典型城市的面板数据，将样本划分为低密度城市样本和高密度城市样本，以人口密度 200 人/hm^2 为临界线，密度大于 200 人/hm^2 的样本为高密度城市样本，小于 200 人/hm^2 的样本为低密度城市样本。高密度城市样本数据主要为重庆、上海的数据以及天津 2005 年之前的数据，北京和广州的数据基本为低密度样本。对数据进行分组后，建立三组固定模型，分别考察城市空间形态、居民社会经济属性对私人交通能源消费的总体影响，以及不同人口密度条件下各因子对居民出行能耗影响的差异。

人口密度是影响城市居民出行能源消费的重要因素，Newman 等（1989）最早以欧洲、加拿大、澳大利亚、美国以及个别亚洲发达地区的城市检验了城市人口密度与交通能耗之间的关系；之后 Kenworthy 和 Laube（1999）以及 Shim 等（2006）以类似的分析方法，同时增加地区总产值和汽车使用费用等变量，得到类似结论。研究的主要结论认为：在高密度城市中，由于通勤距离短，公共交通网络较为发达，人们更多地采用步行、自行车和公共交通的方式出行，而更少地使用私人汽车出行，从而降低交通能耗；城市人口密度与人均能耗之间存在显著的负相关性，相关系数为–0.5 左右，通过 1%水平上的显著性检验（图 4-2）。

以往研究多以欧美城市为样本，并注重分析人口密度对居民私家车能耗的影响。中国人口众多，城市人口密度远大于欧美国家，而居民出行能源消费方式又有别于欧美国家，公共交通能耗在居民出行能耗中占重要比重，人口密度与居民出行能源消费的相关性如何，是否能在高密度的城市空间下继续影响交通能耗，目前还少有研究。

利用样本城市面板数据的人口密度和人均交通能耗制作散点图。从图 4-3 可以看出，样本城市人口密度与人均交通能耗呈显著负相关，总体趋势与欧美城市相同。比较图 4-2 和图 4-3 可以发现，样本城市人口密度远大于欧美城市，人口密度基本在 200 人/hm^2 左右，而欧美城市人口密度多为 50 人/hm^2 左右；从居民人均能耗来看，欧美城市人均能耗主要集中在 10000 MJ 到 20000 MJ 之间，而样本城市最高人均能耗还不足 6000 MJ，总体水平在 2000 MJ 左右，远低于欧美城市；样本区是中国经济最发达的城市，单从人均能耗与欧美城市的比较来看，未来的增长空间还十分巨大。从人口密度与人均交通能耗的相关性来看，欧美城市两个变量之间的相关系数为–0.5 左右，通过 1%水平上的显著性检验；而样本区两者之间的相关性更高，相关系数达到–0.864，通过 1%水平上的显著性检验，说明人口密度对样本城市的影响更为显著。

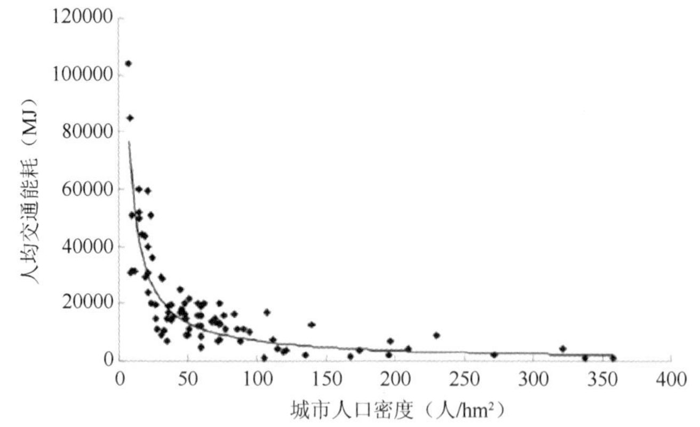

图 4-2　欧美城市人口密度与人均交通能源消费（Niovi *et al.*，2010）

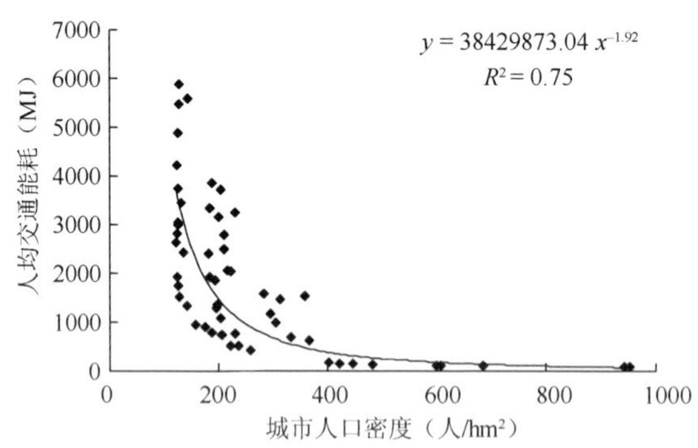

图 4-3　中国城市人口密度与人均交通能源消费

以上分析，只考虑居民出行能源消费与城市人口密度单一因素的关系，旨在发现城市人口密度增加对交通能耗影响某一方面的规律。由于这种规律只在其他因素不存在或保持不变时才有意义，所以有必要把城市形态其他属性以及居民社会经济属性放在一起进行综合分析。

第三节　中国典型城市空间形态指标对居民出行能耗的影响

应用5个典型城市2000～2010年11年的面板数据，依据STIRPAT模型的主要理论框架，构建回归模型，定量分析我国典型城市空间形态和居民社会经济属性对私人交通能源消费的影响。

STIRPAT 模型是用来评估人口、富裕度和其他因素对环境影响的重要研究方法，目前已经被广泛地应用于生态、社会和经济领域（York等，2003；Shi，2003；Martínez-Zarzoso等，2007；姜磊和季民河，2011），该模型最早由Dietz等（1997）依据Ehrlich（1971）提出的环境影响框架而建立，最初的规范等式如下：

$$I_i = \alpha P_i^{\beta} A_i^{\gamma} T_i^{\delta} e_i \tag{4.1}$$

式中，I_i、P_i、A_i、T_i代表解释变量；α、β、γ、δ是评估参数；e_i是随机误差。将STIRPAT模型作为理论和分析框架，将城市空间属性信息引入模型，分析城市形态对交通能源消费的影响。为了检验STIRPAT模型中驱动因素对居民出行能源消费的影响，将等式4.1两边取对数，表达如下：

$$\ln E_{it} = \alpha_i + \beta_1 \ln D_{it} + \beta_2 \ln S_{it} + \gamma \ln I_{it} + \delta \ln P_{it} + \varepsilon_t + e_{it} \tag{4.2}$$

式中，i代表城市；t代表年份；E代表城市居民人均交通能耗（MJ），具体计算方法为：加总全市私家车能耗和公共交通能耗，与全市常住人口的比值即为城市居民人均交通能耗，公共交通能耗以全年公交客运量乘以单耗计算得到；D代表城市人口密度（人/km^2）；S为城市建成区面积（km^2），用以表征城市规模；D为城市常住人口与S的比值；I代表城市居民人均可支配收入（以2000年不变价计算）；P代表公共交通资源的丰富程度，以每万人拥有公共汽车的数量表示；α和ε分别代表个体和时间效应；e是误差项。由于模型被取成对数，说明性的变量系数能直接解释为弹性系数。原始数据主要取自《中国统计年鉴》、《中国能源统计年鉴》、《中国城市统计年鉴》等资料。依据公式4.2，在SPSS软件中对数据进行处理分析。

受研究数据的限制，研究并没有考虑城市功能布局以及汽车燃油效率等因素对交通能耗的影响。

依据 STIRPAT 模型理论框架构建的固定效应模型的估计结果显示（表 4-1），三个面板模型的 R^2 都比较接近 1，说明面板模型拟合效果较好。居民收入对交通能耗的弹性系数分别为 1.306、0.753 和 1.847，均为正值，表明收入的增长会推动居民出行能耗的提高。目前我国正处于城镇化快速发展时期，居民收入的迅速提高引起私家车需求的爆发性增长，并导致居民出行能耗的迅速提高，因而应从城市规划和公共交通的组织方面加强研究与实践，构建低碳城市空间。

人口密度对居民出行能耗的弹性系数分别为–0.654、–0.271 和–0.88，表明高人口密度能够抑制交通能耗，对高密度城市的影响作用更为显著。主要原因是高人口密度有利于居民步行，同时更容易组织公共交通，因而人口密度较高的空间结构，居民出行能耗更低。建成区面积对低密度城市居民出行能耗的作用弹性系数为 2.7，是影响低密度城市交通能耗的主要因素，但对全部城市样本和高密度城市交通能耗的影响不显著。因而对于低密度蔓延的城市，控制建成区面积的扩大，是抑制交通能耗的重要手段。

表 4-1 动态面板模型估计结果

	全部城市系数	低密度城市系数	高密度城市系数
lnI	1.306***	0.753***	1.847**
lnD	–0.654***	–0.271***	–0.880***
lnS	0.003	2.700***	–0.666
lnP	0.890***	–1.489***	0.769**
常数项	–4.007	–18.978***	–3.246*
调整后 R^2	0.871	0.947	0.897

注：***表示在 1%水平下显著，**表示在 5%水平下显著，*表示在 10%水平下显著。

公交车数量对所有城市样本、低密度城市和高密度城市的弹性系数分别为 0.89、–1.489 和 0.769，表明公共交通服务水平的改善能有效抑制低密度城市交通能耗水平的提高，但对于所有城市样本以及高密度城市而言，公交车数量的增加会提高居民出行能耗。主要原因是样本城市公共交通能耗依然占据一定比例，研究期内所有城市样本公交能耗约占居民出行能耗的 25%，公交服务水平的提高会导致部分居民从步行和自行车等交通方式转向公共交通，同时公交数量的增加会导致一定程度的空载。

第四节　不同人口密度条件下城市空间形态对居民出行能耗的影响差异

在不同城市人口密度条件下，建成区面积、居民收入、城市人口密度和万人公交车数量对居民出行能源消费的影响存在显著差异。从全部城市面板模型的估算结果来看，居民收入、人口密度和万人公交车数量对居民人均交通能耗的弹性系数分别为 1.306、–0.654 和 0.89，建成区面积对交通能耗的影响不显著。从弹性系数的大小来看，居民收入是影响交通能耗的主要因素。人口密度的提高有助于降低交通能耗，而公交车数量的增加会提高居民出行能耗，但两者对交通能耗的作用偏小。

低密度城市面板模型的估算结果与全部城市的差异较大，当人口密度低于 200 人/hm^2 时，居民收入、人口密度、建成区面积和万人公交车数量对居民出行能耗的弹性系数分别为 0.753、–0.271、2.7 和–1.489，居民收入的增加会促进交通能耗的增长，但弹性系数仅为全部城市面板模型的一半，取而代之，建成区面积的扩大成为推动低密度城市能耗增加的主要因素。结合实际情况来看，低密度城市主要为北京和广州 2001 年之后的样本数据，两者 2010 年建成区面积分别达到 1350 km^2 和 952 km^2，人口密度远低于其它三个城市，是典型的低密度扩张城市，因而当城市低密度蔓延的趋势较为严重时，控制建成区面积是抑制交通能耗的重要途径。万人公交车数量对居民出行能耗的弹性系数为–1.489，说明公交车数量的提高能有效降低低密度城市的交通能耗。人口密度的提高有助于降低交通能耗，但作用较弱。

当人口密度大于 200 人/hm^2 时，居民收入对交通能耗的影响作用最大，弹性系数达 1.847，主要原因是高密度城市机动出行的便捷性差，成本高，而收入是决定私家车等机动出行的重要因素，因此居民收入是决定高密度城市交通能耗的主要因子。人口密度对交通能耗的弹性系数为–0.880，大于低密度城市面板模型的弹性系数，表明当人口密度达到一定水平后，人口密度的增加对交通能耗的抑制作用更显著。公交车数量的提高会增加交通能耗，但相比收入而言，影响作用偏小。建成区面积对高密度城市交通能耗的影响不显著。

第五节　主要结论和政策建议

本章首先从城市层面分析了各省建成区面积及人口密度的变化趋势，并初步探讨了城市空间形态对居民出行能耗的影响。继而利用中国典型城市的面板数据，分析了人口密度与居民出行能耗的相关性，根据城市人口密度将城市样本划分为低密度城市和高密度城市，通过构建 STIRPAT 模型，评估了不同人口密度条件下，城市空间形态和居民经济属性对交通能耗的影响，得到以下结论并提出政策建议。

一、主要结论

1）2000—2010 年，我国城市规模持续扩大，但人口密度却逐年降低；东部地区城市数量多、规模大，建成区面积增长迅速，但涨幅自 2005 年之后有所放缓；中部和西部地区城市总体规模虽然小于东部，但增长迅速。各地区城市人口密度均呈逐年下降趋势。

2）对中国典型城市而言，收入水平的提高是促进居民出行能耗增长的主要因子之一；城市人口密度与居民人均交通能耗呈显著负相关；建成区面积对居民出行能耗的影响不显著；公交车数量的增加会提高居民出行能耗水平，但对能耗的促进作用远小于居民收入。

3）当人口密度大于 200 人/hm^2 时，收入的增长是推高居民出行能耗水平的主要因素，人口密度的提高对交通能耗的抑制作用更为显著，公交车数量的增加会导致交通能耗水平的提高。当人口密度小于 200 人/hm^{2}时，建成区面积是影响居民出行能耗的主要因素，建成区面积越大，居民人均交通能耗越高；公交车数量的增加能有效抑制居民出行能耗的增长。

二、政策建议

1）城市人口密度与居民人均交通能耗呈显著负相关，而我国正处于城镇化快速发展时期，城市规模持续扩大，但人口密度却逐年降低，城市低密度蔓延趋势显著，为居民出行能耗的增长提供了空间。因而应从城市规划和公共交通的组织方面加强研究与实践，提高城市人口密度，促进城市的紧凑发展。

2）建成区面积的扩大是推高低密度城市交通能耗水平的主要因素，而公交车数量的增加能有效降低居民出行能耗。因此，对于低密度蔓延城市，应首先注重对建成区面积的控制，同时加强对公共交通资源的供给和配置。

3）居民收入水平是决定高密度城市居民出行能耗水平的主要因子，人口密度的提高对交通能耗的抑制作用更为显著。因此，对于高密度城市，应多从经济政策手段入手，提高机动出行成本，降低机动出行量；同时，加强步行和自行车出行环境的建设，引导居民低碳出行。

第五章　居住区空间形态对居民通勤出行能耗的作用机理

基于城市个体层面的研究难以解释城市内部人口密度、土地利用方式、空间布局等要素对居民出行能耗的作用机理。本章应用广州市的居民出行问卷调查数据，结合城市内部空间形态分析，以居民通勤个体为研究对象，构建居民通勤能耗结构方程模型（Structural Equation Model），分析主要城市空间形态指标对居民通勤能耗的作用机理，定量评估各指标对居民交通能耗的影响。

第一节　广州市居民出行概况

居民出行数据是研究居民出行特征、制定交通规划、开展交通建设、实施交通管理的重要数据基础。目前主要通过居民出行调查获取居民出行数据。居民出行调查是指在调查区域内，对一定比例市民一天的出行情况进行全面调查，以便掌握城市交通出行总量，主要发生吸引源、时空分布、出行方式等信息。

广州市一共进行了 4 次较大规模的居民出行调查，1984 年和 2005 年的两次是大规模调查，1998 年和 2003 年开展的两次是万户居民出行调查（景国胜和王波，2004；邓毛颖和谢理，2000）。由广州市建设委员会组织的《2005 年广州市居民出行调查》是广州市最近的一次大规模居民出行调查，涉及 10 个区 142 个街道 650 个社区，14 所高校，46 家工厂，36 家工地，29 家旅业，10 处机场车站，调查样本 24.3 万人（广州市交通规划研究所，2006）。依据历次出行调查数据，分析广州市居民出行的基本情况，为典型居住区居民出行问卷调查提供支撑。

一、居民出行目的

从目前已有的部分城市的出行调查来看，我国城市居民出行的主要构成是上班、上学，多数城市上班和上学的出行比例基本在 40%以上，如果综合上班上学的回程出行，则通勤占出行总量的 80%以上（表 5-1）（陆化普，2006）。

表 5-1　中国部分城市出行目的比例构成一览表（%）

城市	年份	上班	上学	公务	购物	文化娱乐	生活	其他	回家
上海	1995	27.7	9.1	1.9	2.8	2.2	10.1	0	46.3
杭州	2000	23.09	7.19	2.90	10.25	3.52	2.59	6.08	44.39
武汉	1998	23.18	13.33	1.34	5.60	2.21	2.49	2.83	46.28
佛山	2002	21.3	8.7	2.5	7.7	3.2	1.3	6.9	43.9
兰州	2001	28.37	12.13	0.72	4.84	2.12	1.39	2.56	47.59
大连	2004	26.47	9.47	1.46	9.92	2.06	2.59	6.08	44.39
济宁	2003	33.13	12.60	0.76	4.56	2.29	2.38	3.38	40.21
廊坊	2005	31.61	11.88	1.11	5.09	1.68	1.18	3.61	43.29

广州市居民出行调查数据显示（广州市交通规划研究所，2006），在扣除回家出行方式之后，上班和上学所组成的通勤约占出行总量的一半，是研究区目前最主要的出行方式，两者分别占出行总量的 33.6%和 13.7%（图 5-1）。同时，通勤为刚性出行需求，是决定城市交通早晚高峰的主要因素，所以通勤出行既是城市交通出行的主要部分，也是决定城市交通可持续性的关键因素。因此第五章重点选择通勤出行为研究对象，探讨影响通勤能耗的主要因素以及发生机制。

二、居民出行方式

步行、自行车、摩托车、小汽车、公共交通等出行是广州市居民最主要的出行方式；比较 1984 年和 2005 年的出行比例结果，能看出 20 年间广州市城市交通各类运输方式演变过程，与 1984 年相比，自行车的出行比例由 34.0%缩减至 8.2%，是减少最快的出行方式；摩托车、小汽车和公共交通出行的比例增长较快，涨幅分别为 8.2%、10.9%和 12.1%（图 5-2）。

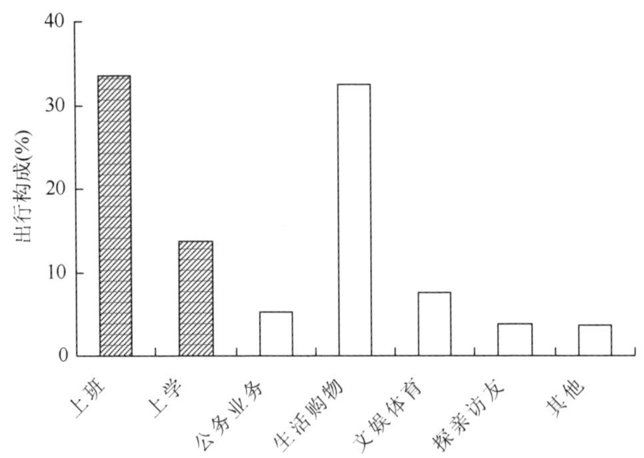

图 5-1　广州居民出行方式构成（扣除回家和回程出行目的）

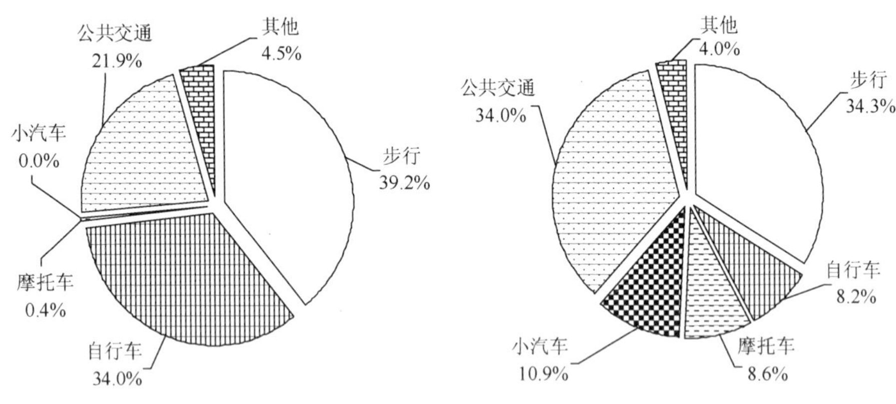

图 5-2　广州市 1984 年（左）和 2005 年（右）居民出行比例

三、居民出行能耗及发展趋势

广州市居民出行交通能源消费总量为 206 万吨标煤，私人汽车、出租车、公交车和地铁的能耗分别为：132 万吨标煤、33.6 万吨标煤、32.1 万吨标煤和 8 万吨标煤。私人汽车的能源消费比例最高，占全市居民出行能耗的 64%；出租车和公交车都使用液化石油气（LPG）为燃料，两者能耗总量占全市居民出行能源消费的 32%；地铁单耗低且线路覆盖率不高，因而能耗仅占全市居民出行能耗的 4%（图 5-3）。出租车和公交车能耗数据来自广州市交通委员会（广州市交通委员会，2011）；私人交通能耗数据来自统计数据（广州市统计局，2010）；地铁能耗依据地铁单耗、地铁人均出行距离和地铁全年客运量推算，能耗以电力当量值计算（广州市统计局，2010;）。研究并未计入单位公交、楼巴等居民出行能耗，也不包括城际交通的客运，如飞机、铁路、客车等。

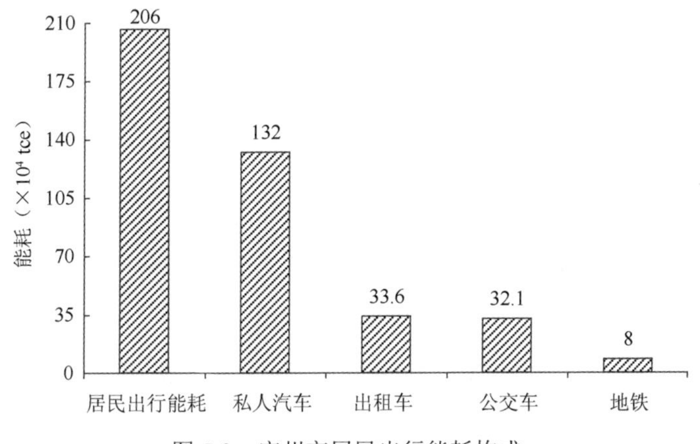

图 5-3 广州市居民出行能耗构成

目前，私人汽车的能源消费已经是居民出行能耗中最主要的部分，约占居民出行能耗的三分之二，然而从目前私人汽车的保有量来看，私人汽车的能耗还将继续增大。如图 5-4 所示，广州市汽车保有量呈逐年递增的趋势，2001 年广州市全市汽车保有量仅为 43 万辆，至 2010 年增至 160 万辆。相比之下，私人汽车的增长速度更为迅速，2001 年，私人汽车仅为 7 万辆，占汽车保有量的 16%，至 2010 年私人汽车数量已经增至 110 万辆，占全市汽车保有量的 69%，私人汽车已经成为广州市最主要的车辆群体，且增长势头迅猛。

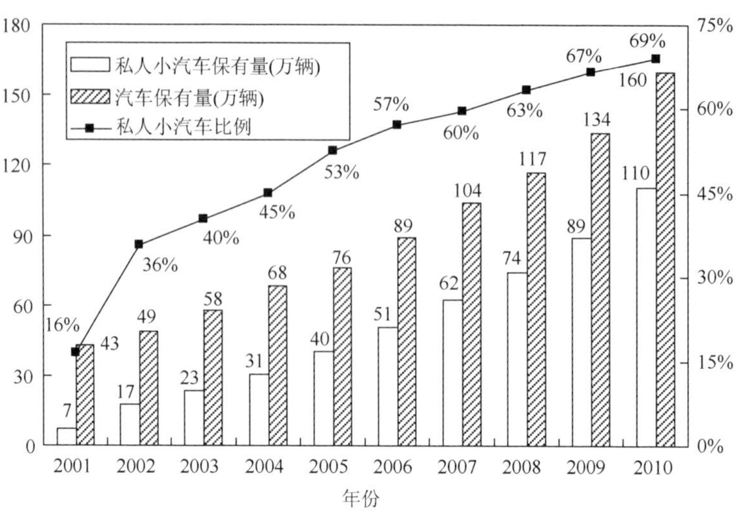

图 5-4 广州市汽车和私人汽车保有量（广州市统计局，2011）

居民家庭小汽车出行能耗目前已经是广州居民出行能耗的主要部分，且增长趋势迅猛，已经成为决定交通能耗、环境污染和城市交通可持续性的决定因素。如何通过城市空间的组织，增加公共交通出行和步行的比例，抑制私家车出行，将是未来降低交通能源消费，构建低碳城市空间的重要议题。

第二节 广州市居民出行能耗强度

依据广州出行调查报告，结合居民出行样卷调查和模型分析，本研究详细计算了广州市居民主要出行方式的能耗强度。依据《2005 年广州市居民出行调查》，步行、自行车、摩托车、小汽车、公共交通等出行是广州市居民最主要的出行方式，但自 2007 年起，广州市实施全面禁止摩托车的交通管理措施，因而目前居民主要出行方式为步行、自行车、小汽车和公共交通出行；公共交通出行又包括公交车、地铁、单位公交、校车四类出行方式，单位公交和校车的使用组织方式类似，因而将校车归入单位公交。最终计算了私家车、单位公交、公交车、地铁的能耗强度，自行车和步行不计能耗。

由于广州市公交车和出租车主要使用 LPG 作为燃料，单耗特征有别于普通柴油和汽油公交车。因而本节依据广州市公交车和出租车的 LPG 消费总量，结合两者的全年客运量和人均出行距离，详细计算了两类车辆的单耗，为后期模型数据输入提供基础。具体公式如下：

$$\mathrm{EI}=\frac{E_{\text{total-LPG}}}{N_p \times T_d} \tag{5.1}$$

式中，EI 为公交车和出租车出行的人均单耗，即能源消费强度（Energy Intensity）；$E_{\text{total-LPG}}$、N_p、T_d 分别为公交车和出租车全年的 LPG 能耗、客运量（Number of Passenger Traffic）和人均出行距离（Travel Distance）；所有数据均以 2010 年为基准。各项参数值如表 5-2 所示，用上式求得广州市公交车和出租车的人均单耗分别为 0.49 MJ/p.km 和 2.14 MJ/p.km。

表 5-2 广州市公交车和出租车运行主要参数

	$E_{\text{total-LPG}}$ (万吨标煤)[1]	N_p (万人次)[2]	T_d (km/人次)[3]	EI (MJ/p.km)
公交车	32.1	241901	7.95	0.49
出租车	33.6	75511	6.10	2.14

注：1. 数据来源于广州市交通委员会，2011；2. 数据来源于广州市统计局，2011；3. 数据来源于广州市交通规划研究所，2006。

私家车燃油经济性采取权重的方法，获得其平均能耗水平，依据国家统计局能源统计司的数据，2010 年燃油经济水平为 6.5 L/100km、8.3 L/100km、10.2 L/100km、11.9 L/100km 和 13.9 L/100km 的私家车保有份额分别为 4.96%、53.69%、32.09%、8.65%和 0.62%，因而计算得到私家车平均燃油经济性水平为 0.092 L/km，因为不考虑合车共乘问题，结合汽油的低位发热量求得私家车的单耗为 2.93 MJ/p.km（国家统计局能源司，2011）。单位公交燃油经济性数据源自王云龙（2009）的研究结果，载客量 30 人的普通客车能耗水平为 0.26 L/km，由于单位公交存在空载问题，将载客量设置为 15 人，结合柴油的低位发热量求得单位公交的单耗为 0.65 MJ/p.km；由于物业巴士及校车的使用和组织模式与单位公交相似，在此全部归入单位公交，不单独计算。地铁单耗采用王玉明等（2011）的研究数据，以电力当量值计算人均单耗。详细参数设置及计算结果见表 5-3。

表 5-3 各类出行方式的能耗参数

出行方式	燃料种类	燃油经济性（L/km）	载客量（人）	单耗（MJ/p.km）
私家车	汽油	0.092	1	2.93
出租车	LPG	0.079	NA	2.14
单位公交	柴油	0.260	15	0.65
公交车	LPG	0.600	NA	0.49
地铁	电	NA	NA	0.25
步行	NA	NA	NA	0.00
自行车	NA	NA	NA	0.00

从各类出行方式来看，私家车和出租车的单耗水平最高，地铁的最低，单位公交的单耗水平略高于公交车，因而，在条件允许的情况下，可以通过单位公交、物业楼巴等方式组织居民出行，既能达到居民出行便利的要求，也能有效实现交通的节能减排。

第三节 基于出行调查的居民出行特征

一、居民出行问卷调查

本研究于 2011—2013 年期间，对全市三十多个小区开展了大规模的居民出行问卷调查，收集了居民出行问卷约 3000 份，小区的空间分布见图 5-5。

（一）问卷调查内容

问卷调查以商品小区为单位进行，在问卷调查时综合考虑性别、年龄和小区规模等因素，采取一对一的方式进入小区进行现场的问卷填写。依据各个小区的规模确定调查样本数量；在各小区中随机选取调查样本，记录家庭每位成员工作日（星期一）和休息日（星期日）的活动日志。调查内容包括家庭信息、个人信息、出行信息，家庭汽车的排量、行驶里程及燃油费用等信息，详细内容见附录 1 和附录 2。

商品楼住宅是目前我国城市住房的主要类型，也是未来住房建设的主要趋势，为剔除居住社区类型对分析的干扰，所有调查住宅社区全部选择商品楼社区，社区的入住时间均在 2000 年前后，各小区均为中小规模，户数在 2500 户左右，可以忽略小区规模和居民构成对出行的影响。

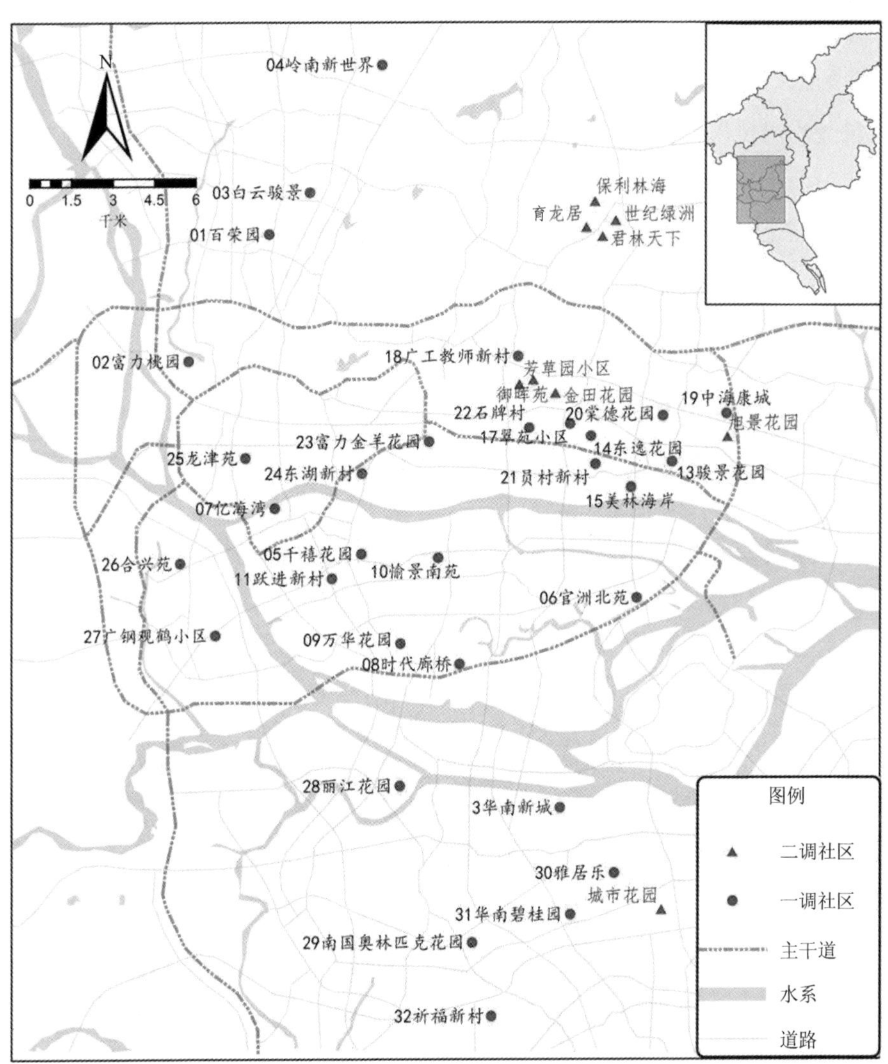

图 5-5 广州居民出行调查样本小区示意图

（二）问卷调查组织与小区空间分布

第一次问卷调查于2011年3月针对全市小区展开，基于广州社区规划建设调查样本，按社区区位、建设年代进行分层抽样，在各层级之下根据社区规模、容积率、建筑类型等进行再次分层抽样，选定35个样本小区。调查以中心城区为主，兼顾白云区北部、番禺区等居住用地增加较快的外围地区，建设年代以2000年以来新房为主，规模以大于15 hm^2的较大型社区为主，兼顾低、中、高档社区。

第二次居民出行问卷调查在2013年9月开展，为避免城市副中心的影响，调查小区围绕主中心筛选，以内环路、外环路等主干道为空间分界线，选择了9个小区开展调查。依据9个小区在空间分界线的位置，将9个小区划定为样本1区、2区、3区。三个样本区分别位于城市的典型区位，即主城区的核心、中部、外围。样本1区位于广州市天河北商业区以及珠江新城CBD附近；样本2区位于天河区黄村街道，是广州市重要的工业区，临近外环路边缘。样本3区位于龙洞街道，区域内工厂及商业建筑数量相对较少（图5-6，表5-4），在外环路以外区域。

二、居民通勤出行基本特征

依据第二次问卷调查数据，分析3个样本区的通勤出行方式，如图5-6所示，步行、公交和汽车出行是最主要的三类通勤方式。样本1区步行通勤比例最高，接近50%，但公交通勤比例不高，仅为14%，汽车通勤比例为15%。样本2区步行通勤比例为24%，公交通勤比例为22%，汽车通勤比例与样本1区相同。样本3区步行通勤比例最低，仅为21%，公交通勤比例为23%，略高于样本1、2区，但汽车通勤比例最高，达25%。公交地铁通勤方式在3个样本区的比例分别为4%、7%和11%。受地铁覆盖范围和地铁站距离的影响，三个样本区地铁通勤的比例都不高。样本1区单位公交通勤比例为6%，2区和3区均为10%。合车共乘在3个样本区中均占有一定比例，分别为4%、8%和9%。其他出行方式比例较低。

仅从通勤方式来看，样本1区步行通勤比例最高，机动通勤比例均低于样本2

区、3 区。样本 3 区汽车通勤比例最高，公交地铁以及合车共乘比例均高于样本 1 区、2 区；公交和单位公交通勤比例与样本 2 区相当，因此样本 3 区的机动通勤比例最高。从合车共乘的比例来看，样本 3 区也明显高于 1 区、2 区，表明为了降低交通成本，样本 3 区有更多的居民共乘通勤。仅对各样区通勤方式进行汇总和对比无法区分居民社会经济属性和城市空间属性对通勤决策和能耗的作用机制，因而研究在问卷调查数据的基础上，构建了居民通勤能耗结构方程模型，探讨各外因变量对通勤决策及能耗的影响。

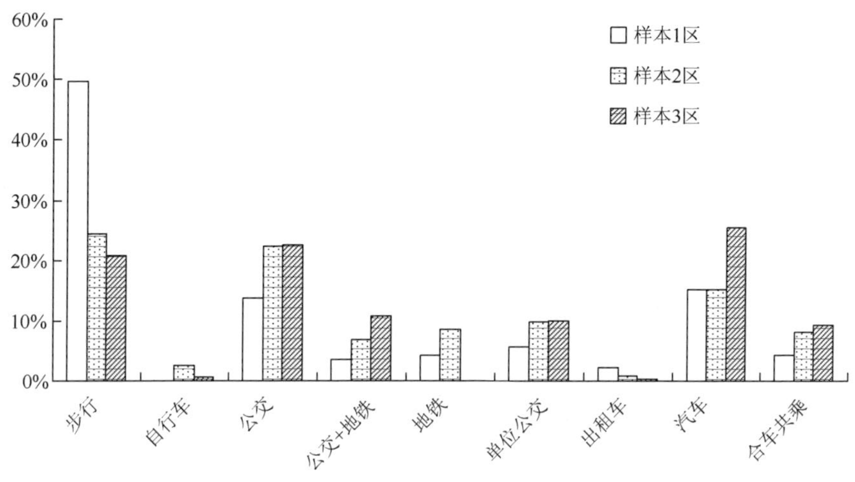

图 5-6　样本区居民通勤出行方式构成

三、居民家庭日常出行能耗特征

如表 5-4 所示，研究区家庭日常出行能耗为 3030 MJ/月，家庭平均出行距离为 1060 km/月。位于城市不同区位的居住区，家庭出行特征及能耗呈现显著差异。位于城市中心的芳草园、金田花园、御晖苑三个小区，居民出行次数多、距离短、汽车出行概率低、能耗低。其他六个位于城市外围的小区，出行次数远低于城市中心居住区，而出行距离却显著偏高，公交能耗和汽车能耗远高于城市中心居住区。从能耗的构成来看，汽车能耗是家庭出行能耗的主要组成部分，公共交通能耗仅占家庭日常出行能耗的 10%左右。因此选取拥有汽车的家庭为样本，构建家庭日常出行能耗结构方程模型，分析城市空间属性、居民社会经济属性对居民出行和能耗的影响机制。

表 5-4　居民家庭日常出行能耗比较

名称	样本区	样本数	有车家庭	出行次数（次/月）	出行距离（km/月）	汽车概率	公交能耗（MJ/月）	汽车能耗（MJ/月）	家庭日常出行能耗（MJ/月）
芳草园	1	22	11	185	575	14%	175	2675	2850
金田花园	1	31	8	194	437	12%	173	1097	1270
御晖苑	1	20	12	202	965	18%	277	1954	2231
旭景花园	2	78	34	169	1294	14%	405	2366	2771
城市花园	2	69	37	179	1442	24%	384	3682	4066
保利林海	3	42	30	140	1322	29%	381	3300	3681
世纪绿洲	3	25	13	144	1180	23%	382	4692	5074
君林天下	3	27	19	142	1291	34%	321	3335	3655
育龙居	3	34	14	129	1130	22%	374	2099	2473
平均/合计		348	178	163	1060	21%	315	2715	3030

四、城市主中心和副中心居民出行特征与差异

受城市行政中心和服务中心的影响，主中心和副中心周边居民出行特征可能存在差异。选择典型城市主中心和副中心周边的居住小区，开展出行分析，并分析特征和差异（表 5-5）。城市主中心选择芳草园小区、东逸花园、美林海岸三个小区为研究对象，小区靠近广州市的主中心，珠江新城 CBD，有多条交通主干道和地铁、公交线路与城市中心连接。城市副中心选择华南碧桂园、丽江花园、南国奥林匹克花园、雅居乐、祈福新村、华南新城为研究对象，小区靠近广州市番禺区副中心，虽然也有交通主干道和地铁与城市中心连接，但空间距离较远，部分就业、购物等出行在当地消化。

基于居民出行调查数据，对汽车家庭居民出行频率、出行目的、出行方式、出行时间进行分析，对比不同城市中心之间的差异。样本小区清单和空间形态特征参数见表 5-5。

表 5-5　城市主中心和副中心样本小区及其空间属性

小区编号	小区名称	区位	人口密度（万人/km²）	制造业人口密度（人/km²）	生活型服务业人口密度（人/km²）	生产型服务业人口密度（人/km²）	附近地铁线路	地铁可达性	周边公交数量	建设时间	样本数量	汽车家庭样本
1	芳草园小区	天河主中心	4～8	0	20000～35000	30000～40000	1、3	70	93	2004	50	29
2	东逸花园	天河主中心	3～4	0～500	2000～10000	1000～5000	3、5	60	75	2003～2011	103	77
3	美林海岸	天河主中心	3～4	0～500	400～2000	1000～5000	4、5	65	49	2005、2008	165	93
4	华南碧桂园	番禺副中心	2～3	0～500	100～400	500～1000	3、7	32	17	2006	108	80
5	丽江花园	番禺副中心	3～4	0～500	400～2000	500～1000	2	40	40	1995、2000、2006	47	24
6	南国奥林匹克花园	番禺副中心	2～3	1000～2000	100～400	500～1000	3、7	40	11	2006	80	60
7	雅居乐	番禺副中心	2～3	500～1000	100～400	500	7	10	11	2000、2006	73	66
8	祈福新村	番禺副中心	3～4	500～1000	100～400	500	3、7	10	8	2002	295	43
9	华南新城	番禺副中心	2～3	500～1000	100～400	500	7	10	11	2003、2004、2005、2006	64	53

（一）出行频率

出行频率是考量居民出行活动强度的重要指标，本研究以汽车家庭为样本，以家庭人数的总量和家庭成员出行的次数的比值，考察城市主中心和副中心汽车家庭居民的活动强度。天河城市主中心和番禺城市副中心汽车家庭的人均出行次数分别为 2.28 次/天、2.27 次/天，即天河主中心略大于番禺副中心。

（二）出行目的

剔除回家出行后，出行频率最多的是上班、购物和餐饮娱乐。天河城市中心上班出行占比略小于番禺副中心，两者占比分别为 58.5%、60.9%。除了上班之外，购物出行和餐饮娱乐出行占比大致相当，约占总体出行的 25%（图 5-7）。

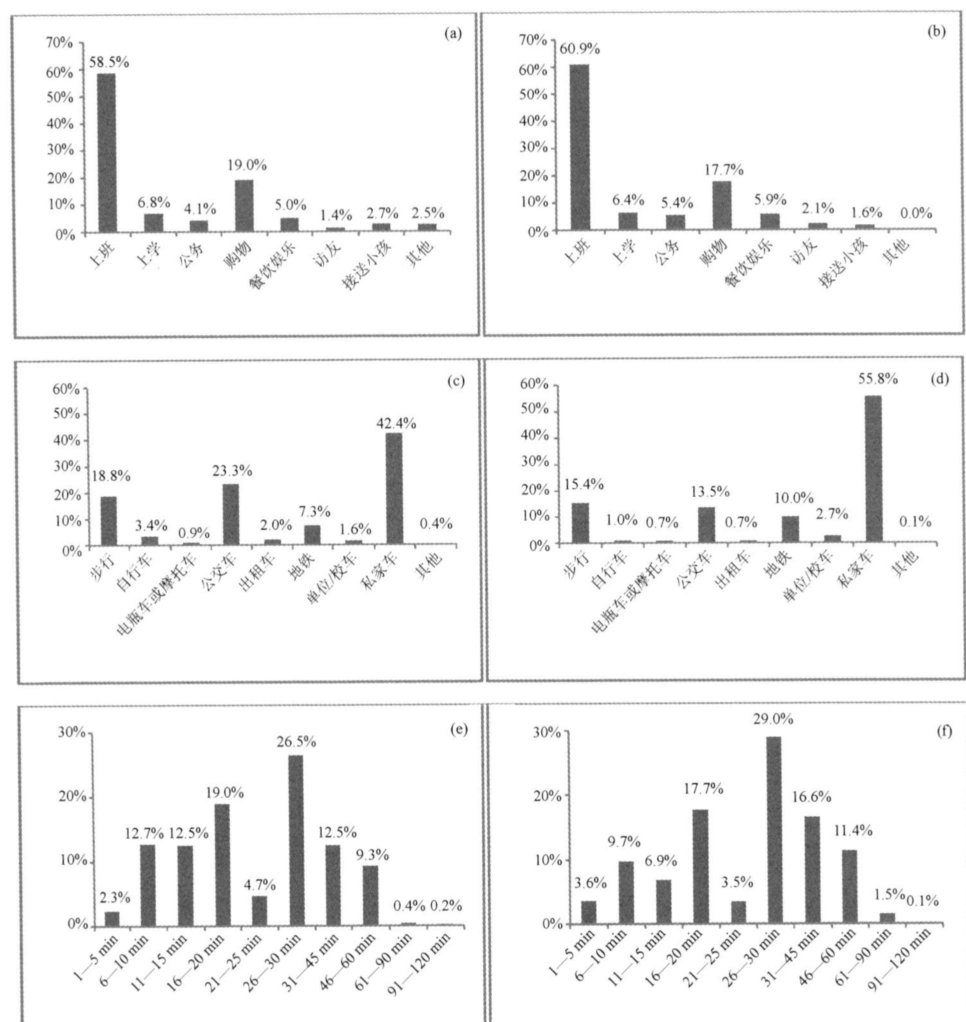

图 5-7 城市主中心和副中心居民出行特征

注：a. 天河主中心出行目的；b. 番禺副中心出行目的；c. 天河主中心出行方式；d. 番禺副中心出行方式；e. 天河主中心出行时间；f. 番禺副中心出行时间。

（三）出行方式

各类出行方式中，步行、公交车、地铁、小汽车的出行比重最大。天河主中心居民步行、公交车、地铁、私家车出行占比分别为 18.8%、23.3%、7.3%和 42.4%，番禺副中心的占比分别为 15.4%、13.5%、10%和 55.8%，即主中心步行和公交车出行占比远大于副中心，而副中心私家车出行占比远大于主中心。

（四）出行时间

从出行时间来看，天河主中心和番禺副中心出行时间的分布趋势类似，但番禺副中心 30 分钟以上的出行占比较大。天河主中心 30 分钟以内的出行占比为 77.6%，30 分钟以上的出行占比为 22.4%，其中出行时间超过 60 分钟的出行占比约为 0.6%。番禺副中心 30 分钟以内的出行占比为 70.4%，30 分钟以上的出行占比为 29.6%，其中出行时间超过 60 分钟的出行占比约为 1.6%。

第四节　居住区空间形态对出行能耗作用机理研究方法

问卷调查结束后，对居民家庭、个人、出行等信息进行整理和分类，结合前文（第四章）城市空间形态的研究结果，分析居民通勤出行特征，并构建结构方程模型。

一、居民通勤能耗的测算

个体每月通勤能耗以每月通勤出行距离乘以出行方式的单耗计算。基于数据计算的简化要求，通勤能耗仅考虑出行距离和出行方式的平均单耗水平两个因素，不考虑由于车型、油品、拥堵等原因所造成的能耗差异（见表 5-3）。

二、居民通勤能耗结构方程模型

（一）结构方程模型原理与模型构建

研究共收集 348 份有效家庭样本数据，剔除非通勤人员，获得 587 个通勤样本，使用 SPSS 15.0 建立个体样本数据库，并以此为基础导入 AMOS 17.0 中构建结构方程模型。在本研究中，不考虑潜变量，只考虑外生变量和内生变量之间的路径关系，模型可以表达为：

$$y = By + \Gamma x + \zeta \tag{5.1}$$

式中，y 为内生变量的列向量；x 是外生变量的列向量；B 为内生变量之间的随机联系矩阵；Γ 为外生变量对内生变量影响的路径系数矩阵；ζ 为残差向量，反映未被解释部分。

模型的概念框架如图 5-8 所示，研究关注城市空间形态和居民社会经济属性对居民通勤行为和能耗的影响。根据研究的需要，建立居民通勤能耗结构方程模型，分析外生变量（城市空间形态属性、居民社会经济属性）如何通过路径作用影响内生变量（居民通勤出行选择和能耗）。家庭社会经济属性和空间形态变量交叉作用，以通勤出行特征变量为中介（Acker and Witlox，2010）对通勤能耗产生作用。建模目的在于估计 5 组变量的路径矩阵 Γ。

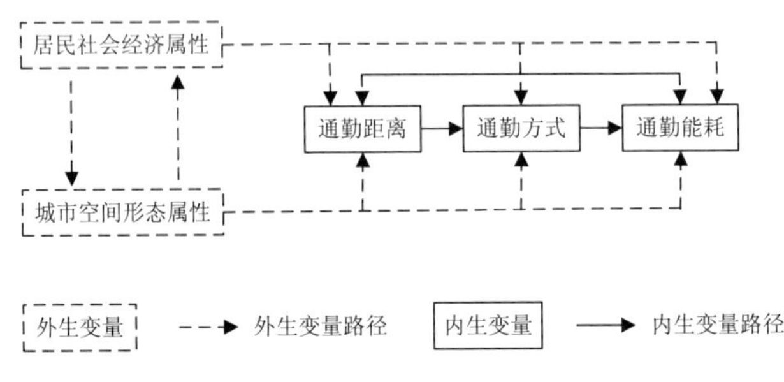

图 5-8　居民通勤能耗概念模型

（二）变量的选取及作用关系

居民通勤能耗结构方程模型包括社会经济属性、城市空间形态两个外生变量组和通勤距离、通勤方式、通勤能耗三个内生变量组。社会经济属性包括通勤居民的性别、年龄、家庭月收入、家庭人口、家庭工作人数以及子女数目六个变量。城市空间形态变量包括人口密度、土地利用多样性、居住区距离市中心的距离、地铁可达性和公交可达性五个变量（图 5-9）。

通勤距离为居住区与工作地点之间的距离。通勤方式包括步行、单位公交、地铁、公交、公交+地铁和私人汽车[①]六种方式，剔除自行车、摩托车、出租车等小概率通勤方式的数据。其中，公交车出行不考虑公交车之间的换乘；公交地铁出

① 其后将私人汽车出行方式简写为汽车。

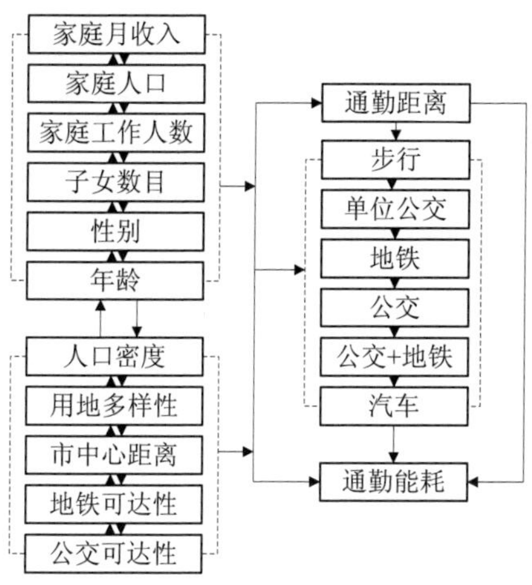

图 5-9 居民通勤能耗模型的变量关系

行指出行需要在公交和地铁之间换乘，不考虑换乘次数。汽车出行不考虑合车共乘。各变量的主要特征见表 5-6～5-8。

表 5-6 社会经济外生变量特征

变量名称	变量描述	样本数量	样本比例	变量名称	变量描述	样本数量	样本比例
家庭月收入（元）	等级	587	100%	年龄（岁）	等级	587	100%
小于 3000	1	3	0.5%	18～25	1	45	7.7%
3000～4000	2	18	3.1%	26～30	2	144	24.5%
4001～6000	3	26	4.4%	31～35	3	235	40.0%
6001～10000	4	107	18.2%	36～40	4	93	15.8%
10001～15000	5	138	23.5%	41～45	5	37	6.3%
15001～20000	6	142	24.2%	46～50	6	19	3.2%
20001～30000	7	91	15.5%	51～55	7	11	1.9%
30001～50000	8	51	8.7%	56～60	8	3	0.5%
50001～100000	9	10	1.7%	性别	虚拟	587	100%
大于 10 万	10	1	0.2%	男	1	328	55.9%
家庭工作人数（个）	等级	587	100%	女	2	259	44.1%
1	1	85	14.5%	家庭人口（个）	等级	587	100%
2	2	496	84.5%	1	1	48	8.2%
3	3	6	1.0%	2	2	122	20.8%
子女数目（个）	等级	587	100%	3	3	303	51.6%
0	1	189	32.2%	4	4	79	13.5%
1	2	367	62.5%	5	5	34	5.8%
2	3	31	5.3%	6	6	1	0.2%

表 5-7 城市空间形态外生变量特征

变量名称	变量描述	样本数量	样本比例	变量名称	变量描述	样本数量	样本比例
人口密度（人/km^2）	连续	587	100%	市中心距离（km）	连续	587	100%
467		53	9.0%	1.33		41	7.0%
377		61	10.4%	1.36		8	1.4%
160		71	12.1%	1.40		7	1.2%
135		185	31.5%	1.41		22	3.7%
120		101	17.2%	1.51		36	6.1%
110		60	10.2%	8.54		134	22.8%
95		56	9.5%	8.55		122	20.8%
土地利用多样性	连续	587	100%	8.66		75	12.8%
1.41		53	9.0%	8.7		55	9.4%
1.32		61	10.4%	8.93		87	14.8%
1.25		71	12.1%	公交可达性	连续	587	100%
1.27		185	31.5%	45		36	6.1%
1.21		101	17.2%	40		59	10.1%
1.17		116	19.8%	35		19	3.2%
地铁可达性	虚拟	587	100%	24		256	43.6%
有	1	370	63.0%	23		217	37.0%
无	0	217	37.0%				

表 5-8 内生变量特征

变量名称	变量描述	样本数量	样本比例	变量名称	变量描述	样本数量	样本比例
通勤能耗（MJ）	连续	587	100%	汽车	虚拟	587	100%
0～600		351	59.8%	是	1	191	32.5%
601～1200		94	16.0%	否	0	396	67.5%
1201～1800		56	9.5%	公交+地铁	虚拟	587	100%
1801～2400		45	7.7%	是	1	54	9.2%
2400～3000		21	3.6%	否	0	533	90.8%
3000～3600		10	1.7%	公交	虚拟	587	100%
大于 3600		10	1.7%	是	1	145	24.7%
通勤距离（km）	连续	587	100%	否	0	442	75.3%
小于 40	1	54	9.2%	地铁	虚拟	587	100%
41～200	2	63	10.7%	是	1	37	6.3%
201～400	3	109	18.6%	否	0	550	93.7%
401～600	4	145	24.7%	单位公交	虚拟	587	100%
601～800	5	102	17.4%	是	1	68	11.6%
801～1000	6	58	9.9%	否	0	519	88.4%
1001～1200	7	27	4.6%	步行	虚拟	587	100%
1201～1400	8	14	2.4%	是	1	90	15.3%
1401～1600	9	7	1.2%	否	0	497	84.7%
大于 1600	10	8	1.4%				

依据空间属性和居民社会经济属性对居民出行的作用关系，建立社会经济属性变量和城市空间形态变量之间的全路径作用关系，两组变量再分别作用于通勤距离、通勤方式和能耗，假设所有外生变量对内生变量都是单向传导。内生变量中，通勤距离单向作用于通勤方式和能耗；通勤方式单向作用于能耗；通勤方式变量组中，依据出行的成本和便捷程度，建立单向路径关系。各变量间的路径关系见图 5-9。

（三）数据正态性分布

结构方程模型通常以最大似然法进行参数估计，研究证实最大似然法在大多数情况下，其参数估计结果较其他方法为佳，但是假设是数据必须符合多变量正态性假定，因此在结构方程模型分析前，必须对观察数据进行正态性检验。对各变量进行了正态性检验，各变量的极值、偏度值以及峰度值如表 5-9 所示，样

表 5-9　模型数据正态性分布

变量	最小值	最大值	平均值	标准差	偏度值	峰度值
家庭月收入（元）	2000	250000	16760.7	11731.6	–0.1	–0.1
家庭人口（人）	1	6	2.9	1	0.1	0.3
家庭工作人数（个）	1	3	1.9	0.4	–1.5	2.3
子女数目（个）	0	2	0.7	0.6	0.0	–0.5
性别[1]	1	2	1.4	0.5	0.2	–1.9
年龄（岁）	22	60	34.2	6.5	1.0	1.5
人口密度（人/hm^2）	95	467	189.8	124.9	–0.1	–1.5
土地利用多样性	1.2	1.4	1.3	0.1	0.9	–0.4
市中心距离（km）	1.3	8.9	7.2	2.9	–1.5	0.4
地铁可达性[2]	0	1	0.6	0.5	–0.5	–1.7
公交可达性（条）	75	83	31.1	6.8	0.1	–1.1
通勤距离（km/月）	12	2100	525.2	377.6	0.6	0.5
步行[3]	0	1	0.2	0.4	1.9	1.7
单位公交[3]	0	1	0.1	0.3	2.4	3.8
地铁[3]	0	1	0.1	0.2	3.6	10.9
公交[3]	0	1	0.2	0.4	1.2	–0.6
公交+地铁[3]	0	1	0.1	0.3	2.8	6.0
汽车[3]	0	1	0.3	0.5	0.7	–1.4
通勤能耗（MJ/月）	0	6360	781.2	875.7	1.3	1.4
多变量						288.6

注：1. “1”代表男性，“2”代表女性；2. “1”代表“有”，“0”代表“无”；3. “1”代表“是”，“0”代表“否”。

本数据基本符合正态分布，偏度系数基本小于 3，峰度系数小于 8，只有地铁的数值稍大，但其峰度系数也在 20 以内，表示数据变量峰度与正态峰差异不大，样本数据符合模型正态性要求的适用范围（吴明隆，2009）。

第五节　结构方程模型分析结果

一、模型拟合度

在 AMOS 17.0 软件中运行程序，采用最大似然法（ML）对数据进行估算，并对初始模型进行不断修正，得到最终模型的拟合指数如表 5-10 所示。其中，自由度为 2，最小卡方值为 1.849，*P*（Probability Level）值为 0.397，最小卡方值与自由度的比值（CMIN/DF）为 0.925，RMSEA（Root Mean Square Error of Approximation）为 0.00，GFI（Goodness-of-Fitindex）、NNFI（Non-normal Fitted Index）、CFI（Comparative Fit Index）均为 1.000，SRMR（Standardized Root Mean square Residual）为 0.003，分别与其对应的参考值进行比较，可以发现模型的拟合效果非常好（吴明隆，2009）。

表 5-10　拟合指数及参考值

拟合指数	参考值	模型结果
degree of freedom（DF）	NA	2
Minimum fit function Chi-Square（CMIN）	NA	1.849
Probability level（*P*）	>0.05	0.397
CMIN/DF	<2.00	0.925
RMSEA	<0.05	0.000
GFI	>0.90	1.000
NNFI	>0.90	1.000
CFI	>0.90	1.000
SRMR	<0.05	0.003

研究主要通过效应路径和效应值来分析变量之间的因果关系，效应又可分为直接效应、间接效应和总体效应。其中，直接效应指原因变量对结果变量的直接

影响，通常用于反映各个变量间相互作用的路径关系；间接效应是指原因变量通过影响其他中介变量，进而对结果变量所产生的间接影响；总体效应则是指直接效应与间接效应的总和，用于分析各原因变量在不同路径下对结果变量的综合作用（马静等，2011）。

二、通勤行为的相互作用及其对能耗的作用

在本研究的结构方程模型中，通勤距离、方式及能耗均属于内生变量。在通勤距离条件的约束下，依据出行的便捷程度及出行成本建立单向路径，分析各内生变量之间的效应关系。内生变量之间的效应包括通勤距离对通勤方式和能耗的效应，通勤方式对通勤能耗的效应，以及通勤方式之间的效应（表 5-11）。

（一）通勤距离对通勤方式和能耗的作用

通勤距离是影响居民通勤方式和能耗的重要因素之一。通勤距离对能耗的总体效应为 0.596（表 5-11），表明通勤距离对能耗的总体作用在统计上显著相关，通勤距离每增加一个标准差，将影响能耗增加 0.596 个标准差，依据表 5-6 即可推算，通勤距离每增加 1 km，通勤能耗增加 1.38 MJ。通勤距离对步行和公交通勤的总体效应分别为–0.519 和–0.073，表明居民短距离通勤选择步行和公交的概率较高，效应系数越小通勤距离越短。通勤距离对地铁、公交地铁和汽车通勤的总体效应分别为 0.218、0.342 和 0.156，表明居民长距离通勤选择地铁、公交地铁和汽车的概率较高。通勤距离对地铁、地铁公交的总体效应远大于汽车，表明地铁具有更强的运输能力，能有效提高通勤距离。出行距离对汽车的总体效应偏小，直接效应仅为 0.012，且不显著，表明居民中短距离通勤也开始选择汽车出行。从效应路径来看（图 5-10），通勤距离直接作用于通勤能耗，并且通过影响居民步行和公共交通出行，以地铁和汽车出行为中间变量，间接作用于通勤能耗。

表 5-11 内生变量之间的总体效应、直接效应和间接效应

	效应	出行距离	步行	单位公交	地铁	公交	公交地铁	汽车	通勤能耗
出行距离	总体效应	0	−0.519***	−0.011	0.218***	−0.073**	0.342***	0.156***	0.596***
	直接效应	0	−0.519***	−0.134**	0.210***	−0.304***	0.290***	0.012	0.624***
	间接效应	0	0	0.123***	0.008	0.230***	0.052*	0.145***	−0.028
步行	总体效应	0	0	−0.237***	0.010	−0.433***	0.074**	−0.253***	−0.097***
	直接效应	0	0	−0.237***	−0.013	−0.512***	−0.140***	−0.755***	0.129
	间接效应	0	0	0	0.023***	0.079***	0.215***	0.502***	−0.226***
单位公交	总体效应	0	0	0	−0.098***	−0.322***	−0.130***	−0.252***	−0.095***
	直接效应	0	0	0	−0.098***	−0.340***	−0.267***	−0.674***	0.071
	间接效应	0	0	0	0	0.018***	0.137***	0.422***	−0.165***
地铁	总体效应	0	0	0	0	−0.180***	−0.167***	−0.251***	−0.321***
	直接效应	0	0	0	0	−0.180***	−0.231***	−0.516***	−0.152***
	间接效应	0	0	0	0	0	0.064***	0.265***	−0.169***
公交	总体效应	0	0	0	0	0	−0.355***	−0.190***	−0.407***
	直接效应	0	0	0	0	0	−0.355***	−0.406***	0.047
	间接效应	0	0	0	0	0	0	0.217***	−0.453***
公交地铁	总体效应	0	0	0	0	0	0	−0.110***	−0.534***
	直接效应	0	0	0	0	0	0	−0.110***	−0.101
	间接效应	0	0	0	0	0	0	0	−0.432***
汽车	总体效应	0	0	0	0	0	0	0	0.709***
	直接效应	0	0	0	0	0	0	0	0.709***
	间接效应	0	0	0	0	0	0	0	0

注：以上数值均为标准化后的值；*代表 10%显著性水平上显著，**代表 5%显著性水平上显著，***代表 1%显著性水平上显著。

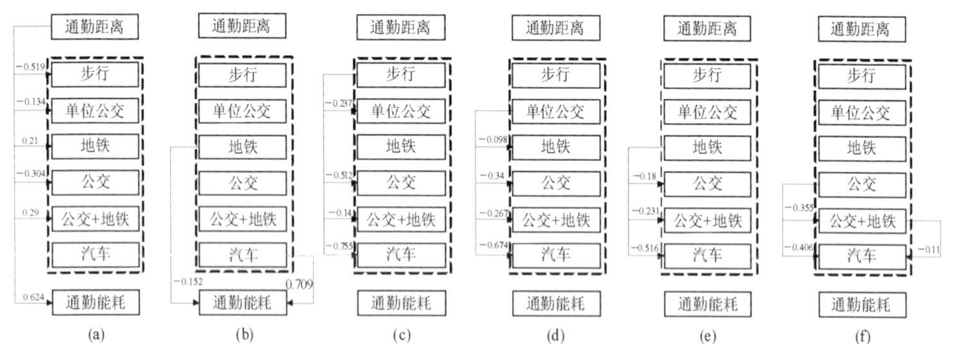

图 5-10 内生变量之间的直接效应路径图

注：1. 路径系数为 0.1，表示自变量变化 1 个标准差将影响因变量变化 0.1 个标准差；2. 所有路径系数均为标准化后的值，在 5%及以上的水平上显著。a. 通勤距离对内生变量的直接效应路径；b. 通勤方式对能耗的直接效应路径；c. 步行对机动通勤的直接效应路径；d. 单位公交对机动通勤的直接效应路径；e. 地铁对机动通勤的直接效应路径；f. 公交和公交地铁对汽车通勤的直接效应路径。

（二）通勤方式之间的作用及其对能耗的作用

地铁是单耗最低的机动通勤方式，而汽车出行的单耗水平则最高，两者与能耗直接相关，对通勤能耗的直接效应分别为–0.152 和 0.709（图 5-10 b），其他通勤方式通过影响地铁和汽车出行间接影响能耗（图 5-10 c—f）。

步行对单位公交、公交、汽车通勤以及能耗的总体效应分别为–0.237、–0.433、–0.253 和–0.097（表 5-11），表明步行对短距离通勤方式有一定的替代作用，并能在一定程度上降低通勤能耗，其中对公交的替代作用最强。地铁、公交地铁通勤的距离相对较长，步行对两者的总体效应不显著或效应不大。步行对通勤能耗没有直接影响，主要通过抑制机动通勤，间接影响能耗（图 5-10b、c），由于步行距离短，且通过抑制机动通勤间接影响能耗，因而对能耗的总体效应不大。

单位公交对地铁、公交、公交地铁、汽车通勤以及能耗的总体效应分别为–0.098、–0.322、–0.13、–0.252 和–0.095（表 5-11），表明单位公交对地铁、公交、公交地铁、汽车出行有一定的替代作用，其中对公交和汽车通勤的替代作用较强。单位公交通勤能在一定程度上降低通勤能耗，但相比公交和地铁，其节能效应较小。单位公交通勤主要通过抑制汽车出行，间接影响能耗（图 5-10 b、d）；由于单位公交通勤是公共交通中单耗水平最高的通勤方式，因而节能的总体效应不大。

地铁对公交、公交地铁和汽车通勤以及能耗的总体效应分别为–0.18、–0.167、–0.251 和–0.321（表 5-11），表明地铁通勤能够有效抑制公交、公交地铁和汽车出行，并能显著降低通勤能耗。地铁通勤对能耗的直接效应和间接效应均十分显著，表明地铁出行概率的提高可以直接降低通勤能耗，同时通过影响其他出行方式，间接减少能耗（图 5-10 b、e），因而地铁通勤的节能作用远大于单位公交。

公交通勤对公交地铁、汽车出行以及能耗的总体效应分别为–0.355、–0.190 和–0.407（表 5-11），表明公交出行对公交地铁和汽车出行有一定的替代作用，同时能有效降低通勤能耗；公交地铁对汽车出行和通勤能耗的总体效应分别为–0.110 和–0.534（表 5-11），表明公交地铁通勤对汽车出行有一定的替代作用，由于公交地铁的出行距离长，因而能有效降低通勤能耗。公交和公交地铁通勤均通过影响汽车出行间接作用于通勤能耗（图 5-10 b、f）。

三、居民社会经济属性对通勤和能耗的作用

居民社会经济属性通过影响通勤距离和通勤方式，间接作用于能耗。家庭月收入和家庭人口的增多会导致居民通勤能耗提高；男性的通勤能耗远高于女性；居民年龄越大，通勤能耗越高；子女数目和家庭工作人数对通勤能耗的影响不显著（表 5-12，图 5-11）。

表 5-12　居民社会经济属性对内生变量的总体效应、直接效应和间接效应

	项目	通勤距离	步行	单位公交	地铁	公交	公交地铁	汽车	通勤能耗
家庭月收入	总体效应	–0.051	–0.024	–0.136***	0.006	–0.164***	–0.099**	0.319***	0.197***
	直接效应	–0.051	–0.050	–0.148***	0.003	–0.236***	–0.181***	0.004	0.014
	间接效应	0	0.026	0.012	0.003	0.072***	0.082***	0.314***	0.183***
家庭人口	总体效应	0.204***	–0.129**	0.003	0.129*	–0.063	0.069**	0.051	0.103*
	直接效应	0.204***	–0.023	0	0.085	–0.043	0	0.005	–0.015
	间接效应	0	–0.106***	0.003	0.044***	–0.020	0.069**	0.047	0.118**
家庭工作人数	总体效应	0.041	–0.019	0.097*	–0.001	0.047	0.071	–0.143***	–0.064
	直接效应	0.041	0.003	0.098*	0	0.083*	0.099**	–0.006	0.012
	间接效应	0	–0.021	–0.001	–0.001	–0.036	–0.028	–0.136***	–0.076*
子女数目	总体效应	–0.138**	–0.020	–0.033	–0.094	0.022	–0.132**	0.137***	0.051
	直接效应	–0.138**	–0.091*	–0.056	–0.069	–0.058	–0.118***	–0.008	0.016
	间接效应	0	0.072**	0.023*	–0.025*	0.080***	–0.015	0.145***	0.035
性别	总体效应	–0.052	0.016	0.089**	–0.041	0.129***	0.004	–0.171***	–0.137***
	直接效应	–0.052	–0.011	0.086**	–0.021	0.144***	0.081**	–0.001	–0.003
	间接效应	0	0.027	0.003	–0.020**	–0.015	–0.077***	–0.171***	–0.134***
年龄	总体效应	0.048	0.025	0.036	–0.010	–0.067	–0.104***	0.102***	0.105***
	直接效应	0.048	0.050	0.049	–0.016	–0.029	–0.131***	0.015***	–0.012
	间接效应	0	–0.025	–0.012	0.006	–0.038*	0.027	0.086	0.117***

注：以上数值均为标准化后的值；*代表 10%显著性水平上显著，**代表 5%显著性水平上显著，***代表 1%显著性水平上显著。

（一）家庭月收入和人口对通勤和能耗的作用

家庭月收入对单位公交、公交、公交地铁、汽车通勤以及能耗的总体效应分别为–0.136、–0.164、–0.099、0.319 和 0.197，表明高收入家庭居民选择单位公交、

公交、公交地铁通勤的概率低，汽车通勤概率高；家庭收入越高，居民通勤能耗越高。家庭月收入对步行和地铁通勤的总体效应不显著，表明不同收入水平的居民均偏向步行和地铁通勤。家庭月收入对通勤距离的总体效应不显著，表明并非所有高收入家庭均居住在城市中心，且通勤距离短，部分高收入家庭开始向城市外围迁移，通勤距离增大。从直接效应路径来看，家庭月收入对单位公交、公交和公交地铁的直接效应分别为–0.148、–0.236、–0.181，对汽车和通勤能耗的直接效应不显著，表明汽车通勤已经较为普遍，并非高收入群体才开车通勤；家庭月收入的提高会抑制公共交通通勤，并间接促进汽车通勤和能耗的提高。

家庭人口对通勤距离的总体效应为 0.204，表明多人口家庭居民通勤距离长，主要原因是家庭人口的增加，使得满足所有成员短距离通勤的难度增加。人口对步行、地铁、公交地铁通勤及能耗的总体效应分别为–0.129、0.129、0.069 和 0.103，表明多人口家庭居民步行通勤概率低，公交和公交地铁通勤概率高，能耗高。从直接效应路径来看，家庭人口主要通过通勤距离间接影响能耗。

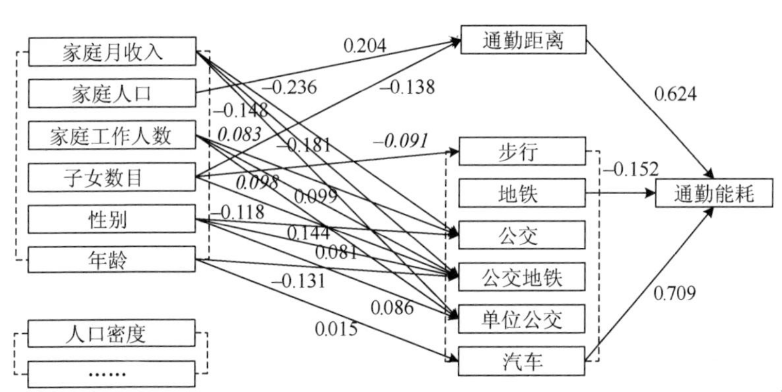

图 5-11 居民社会经济属性对通勤能耗的直接效应路径图

注：1. 路径系数为 0.1，表示自变量变化 1 个标准差将影响因变量变化 0.1 个标准差；2.A $\xrightarrow{0.2}$ B $\xrightarrow{0.5}$ C，表示 A 通过影响 B 再影响 C 的一条路径，该路径中 A 对 C 的间接效应为 0.2×0.5=0.1；3. 所有路径系数为标准化后的值，斜体字代表 10%水平上显著，其余均在 5%及以上水平显著。

（二）家庭工作人数对通勤和能耗的作用

家庭工作人数对单位公交和汽车通勤的总体效应分别为 0.097 和–0.143，表明工作人数多的家庭，居民单位公交通勤概率高，汽车通勤概率低。从工作人数对通勤能耗的直接效应路径来看，家庭工作人数对单位公交、公交和公交地铁的直接效应分别为 0.098、0.083 和 0.099，表明工作人数多的家庭，居民通勤对公共交通的依赖性更强，但效用系数较小也显示了公共交通对通勤者的吸引力不足，当其他社会经济属性发生改变时，有可能选择更便捷的高能耗通勤方式。由于家庭工作人数对公共交通的效应系数偏小，且对通勤距离的效应不显著，因而对通勤能耗的影响不显著。

（三）子女数目对通勤和能耗的作用

子女数目对通勤距离、公交地铁和汽车通勤的总体效应分别为–0.138、–0.132 和 0.137，表明有子女的居民，能分担在交通上的时间少，更倾向选择短距离省时的通勤方式，因而通勤距离短，公交地铁概率低，汽车通勤概率高。从直接效应路径来看，虽然子女数目对通勤距离有一定抑制作用，但同时会抑制步行和公共交通通勤，因而子女数目对通勤能耗的总体效应不显著。

（四）性别和年龄对通勤和能耗的作用

性别对单位公交、公交、汽车通勤以及能耗的总体效应分别为 0.089、0.129、–0.171 和–0.137，表明女性公共交通通勤概率高、汽车通勤概率低，通勤能耗低。性别直接作用于单位公交、公交和公交地铁三种通勤方式，直接效应系数分别为 0.086、0.144 和 0.081，通过三种出行方式间接抑制汽车通勤和能耗。其中性别对公交车通勤的直接效应最大，表明女性对公交车通勤的依赖程度更高。

年龄对公交地铁、汽车通勤及能耗的总体效应分别为–0.104、0.102 和 0.105，表明年龄较大的居民，乘坐公交地铁通勤的概率低，汽车概率和通勤能耗高。年龄直接作用于公交地铁和汽车出行，对两者的直接效应系数分别为–0.131 和 0.015，通过二者间接作用于通勤能耗。

从居民社会经济属性对通勤能耗的总体效应来看，家庭收入依然是影响居民通勤能耗的首要因素，其次是性别、年龄和家庭人口。家庭收入水平高的居民公共交通通勤比例低，汽车通勤比例高，因而通勤能耗较高。女性选择公共交通通勤的比例高，对公交车通勤具有更强的依赖性，因而通勤能耗偏低；而男性选择汽车通勤的比例高，通勤能耗高。年龄较大的居民，选择公共交通通勤的比例低、汽车通勤比例高，能耗偏高。家庭工作人数和子女数目对通勤能耗的影响不显著，但有子女的家庭，居民通勤选择公共交通的比例低，汽车通勤比例高，因此家庭是否有子女是影响居民汽车通勤的重要因素。多人口家庭的居民，通勤距离长，步行概率低，公共交通通勤概率高；而居住空间分异的分析结果表明，城市外围居住区家庭人口更多；因此城市外围居住区居民通勤对公共交通的依赖性更强。

四、城市空间属性对通勤出行和能耗的作用

从城市空间属性对通勤能耗的效应路径来看，各空间变量主要通过直接作用于通勤距离、步行和地铁通勤，间接影响能耗。各空间变量对汽车、公交、公交地铁和单位公交出行的直接效应不显著（图 5-12）。

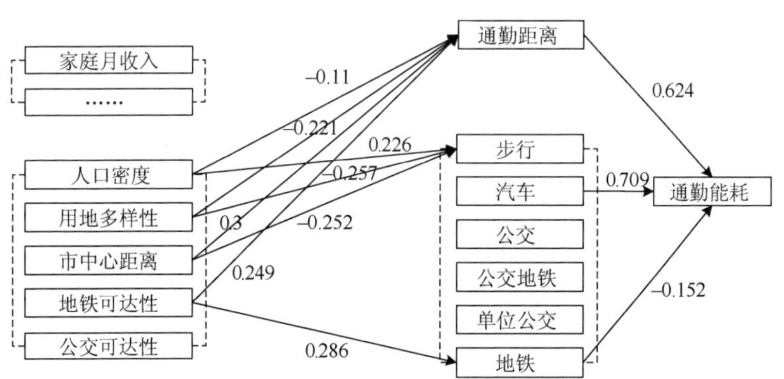

图 5-12　城市空间形态属性对通勤能耗的直接效应路径图

注：1. 路径系数为 0.1，表示自变量变化 1 个标准差将影响因变量变化 0.1 个标准差；2.A $\xrightarrow{0.2}$ B $\xrightarrow{0.5}$ C，表示 A 通过影响 B 再影响 C 的一条路径，该路径中 A 对 C 的间接效应为 0.2×0.5=0.1。

（一）土地利用方式对通勤出行和能耗的作用

人口密度对通勤距离、步行、公交地铁和汽车通勤及能耗的总体效应分别为

–0.110、0.287、–0.091、–0.175 和–0.151。土地利用多样性对通勤距离、步行、公交、公交地铁和汽车以及通勤能耗的总体效应分别为–0.221、0.373、–0.081、–0.096、–0.155 和–0.198。市中心距离对通勤距离、步行、公交、公交地铁、汽车以及通勤能耗的总体效应分别为 0.300、–0.403、0.106、0.086、0.113 和 0.215（表 5-13）。表明人口密度大、用地多样性高、距离城市中心近的居住区，居民通勤距离短、步行概率高、公共交通及汽车通勤概率低，能耗更低。其中，市中心距离对通勤能耗的总体效应最大，其次是土地利用多样性和人口密度；这表明研究区就业岗位在城市中心的集中是影响居民通勤能耗的主要因素。人口密度、土地利用多样性和市中心距离对居民单位公交和地铁通勤的总体效应不显著。根据三个空间变量对通勤能耗的总体效应，结合各变量的标准差，即可推算出人口密度增加 1000 人/km^2（样本平均人口密度为 19000 人/km^2），人均通勤能耗降低 1%（人均通勤能

表 5-13　城市空间属性对内生变量的总体效应、直接效应和间接效应

	效应	通勤距离	步行	单位公交	地铁	公交	公交地铁	汽车	通勤能耗
人口密度	总体效应	–0.110***	0.287***	–0.021	0.146	–0.044	–0.091**	–0.175***	–0.151***
	直接效应	–0.110***	0.226***	0.035	0.178	0.094	–0.006	0.008	0.022
	间接效应	0	0.061***	–0.056***	–0.032***	–0.139***	–0.084***	–0.184***	–0.173***
土地利用多样性	总体效应	–0.221***	0.373***	–0.041	0.073	–0.081**	–0.096**	–0.155***	–0.198***
	直接效应	–0.221***	0.257***	0.020	0.131	0.047	–0.003	0.007	0.012
	间接效应	0	0.116***	–0.061***	–0.057***	–0.129***	–0.093***	–0.162***	–0.209***
市中心距离	总体效应	0.300***	–0.403***	0.056	0.010	0.106**	0.086**	0.113***	0.215***
	直接效应	0.300***	–0.252***	0.001	–0.056	0.011	–0.002	–0.003	0.001
	间接效应	0	–0.152***	0.056***	0.065***	0.095***	0.089***	0.116***	0.214***
地铁可达性	总体效应	0.249*	–0.028	–0.144	0.468***	0.051	0.123	–0.043	0.094
	直接效应	0.249*	0.101	–0.117	0.286**	0.081	0.050	0.008	0.008
	间接效应	0	–0.129*	–0.027	0.182***	–0.029	0.074	–0.051	0.086
公交可达性	总体效应	–0.102	0.021	0.233	0.203	0.003	–0.226	–0.145	–0.118
	直接效应	–0.102	–0.032	0.224	0.247	0.099	–0.083	–0.001	0.037
	间接效应	0	0.053	0.009	–0.045	–0.096	–0.143*	–0.144	–0.155

注：以上数值均为标准化后的值；*代表 10%显著性水平上显著，**代表 5%显著性水平上显著，***代表 1%显著性水平上显著。

耗为 781 MJ/月）；居住区至市中心的距离增加 1 km（样本至市中心的平均距离为 7.2 km），能耗增加 8%；土地利用多样性提高 1%（样本平均土地利用多样性为 1.3），能耗降低 3%。

从效应路径来看，人口密度、土地利用多样性和市中心距离均通过影响通勤距离和步行间接作用于通勤能耗。三者对步行的直接效应系数分别为 0.226、0.257 和–0.252，对机动出行和通勤能耗没有显著的直接效应；但步行对机动出行有一定抑制作用，从间接效应可以看出，人口密度和土地利用多样性会间接抑制机动通勤，其中对汽车的抑制作用最强；而城市中心距离对机动通勤有间接的促进作用。说明缩短居住区与城市中心的距离，提高人口密度和土地利用多样性，能间接抑制机动出行。

汽车出行是影响通勤能耗的主要因素，对能耗的直接效应系数为 0.709，远大于其他通勤方式。人口密度、土地利用多样性和城市中心距离对汽车出行的总体作用系数分别为–0.175、–0.155 和 0.113，即人口密度和用地多样性高、距离城市中心近的居住区，居民汽车通勤的概率低。其中，人口密度对汽车通勤的总体作用系数最大，说明高人口密度区，汽车出行便捷性差，居民汽车通勤的概率低。此外，三者对公交和公交地铁通勤也有显著的总体效应，但效应系数相对较小。

（二）公共交通可达性对通勤出行和能耗的作用

地铁可达性对通勤距离、地铁通勤的总体效应分别为 0.249 和 0.468（表 5-13），表明距离地铁站点近的居住区，居民通勤距离远、地铁通勤概率高。虽然地铁出行的单耗水平低，但地铁可达性对通勤能耗的总体效应不显著，主要原因是地铁出行会增加通勤距离，且受地铁覆盖范围的影响，地铁出行比例还不高，因而地铁可达性对通勤能耗的影响作用不大。人口密度、土地利用多样性和市中心距离对地铁出行的影响不显著，因此城市空间属性中，地铁站点的远近是决定地铁出行的主要因素。

公交可达性仅对公交地铁通勤有一定的间接抑制作用，间接效应系数为–0.143，表明增加公交线路数量能在一定程度上减少居民换乘的通勤方式，但对其他通勤方式、通勤距离和能耗均未表现出显著的作用。主要原因是公交车速度低，与汽车和地铁等通勤方式相比，不能有效提高通勤距离，便捷性较差。结合样本区的实际情况，城市中心区公交线路较多，外围区域公交资源的配置较差；而市中心距离变量对步行和公交出行的总体效应分别为–0.403 和 0.106，表明靠近城市中心的居住区，居民偏向步行通勤，公交概率低，而在公交线路较少的城市外围区域，居民公交通勤的概率反而更高，因此对样本总体而言，公交资源的改善对居民通勤决策和能耗的影响不显著。

第六节　主要结论和政策建议

本章选取广州市九个典型商业居住区为调查样本抽样区域，通过问卷调查收集居民出行信息，以居民通勤出行为研究对象，构建居民通勤能耗结构方程模型，从居住区层面深入分析了主要居民社会经济属性和城市空间形态指标对居民通勤决策和能耗的影响，得到以下主要结论并提出政策建议。

一、主要结论

1）高人口密度和土地利用多样性的城市空间形态有利于缩短居民通勤距离，提高步行通勤概率，并间接抑制机动通勤，降低通勤能耗。人口密度大、用地多样性高、距离城市中心近的居住区，居民通勤距离短，步行概率高，公共交通及汽车通勤概率低，通勤能耗低。相对于土地利用多样性和人口密度，居住区至市中心的距离对居民通勤决策和能耗的影响更大。

2）居住区人口密度增加 1000 人/km^2（样本平均人口密度为 19000 人/km^2），人均通勤能耗降低 1%（人均通勤能耗为 781 MJ/月）；居住区至市中心的距离增加 1 km（样本至市中心的平均距离为 7.2 km），能耗增加 8%；土地利用多样性提高 1%（样本平均土地利用多样性为 1.3），能耗降低 3%。

3）地铁站附近的居民地铁通勤概率显著偏高，且地铁出行能有效提高通勤距离，不同收入水平的居民均偏好地铁通勤。在公交资源配置较差的城市外围居住区，居民对公共交通通勤的依赖性更强。

4）收入水平是影响居民汽车出行和通勤能耗的关键因素；高收入的居民公共交通通勤概率低，汽车通勤概率高，通勤能耗更高；但收入对步行和地铁通勤决策的影响不显著。女性及低收入水平个体公共交通，尤其是公交车通勤概率更高。

二、政策建议

1）主要城市空间形态指标中，居住区至城市中心的距离对居民通勤决策和能耗的影响最大，这表明就业岗位在城市中心的集中以及城市的规模是决定通勤能耗的关键。因而，从能源消费以及城市交通可持续性的角度而言，城市发展战略及总体规划应注重对建成区面积的控制，同时避免就业机会在城市中心的过度集中，注重发展多中心紧凑型的空间活动组团体系，提高职住平衡水平。

2）地铁通勤单耗水平低、通勤距离长，各收入群体的居民均偏好地铁出行，且地铁站附近的居民地铁通勤概率显著偏高。因此从城市紧凑发展的角度来看，应加强地铁与居住区和商业用地的综合规划，加强土地供应和管理，促进地铁沿线和站点周边土地的高密度开发，提高地铁客流组织的效率，以地铁建设带动城市空间的紧凑发展。城市外围居住区居民对公共交通通勤的依赖性更强，因此在通勤高峰期，应加强对城市外围区域公交资源的有效供给。

3）收入水平是影响居民汽车出行的关键因素，而单位公交通勤对汽车通勤的替代作用较为显著。因此，对居民汽车消费应注重对经济政策的运用；同时，在条件具备的情况下，加强对单位公交通勤的组织以降低汽车通勤概率。

4）从弱势群体对公共交通通勤的依赖性可以看出，研究区公共交通通勤的便捷程度还有待提高；因此在稳定已有乘客群体的基础上，应加强对公共交通的补贴，通过改善公交出行环境，吸引更多的居民选择公共交通通勤。

第六章　居住区空间形态对小汽车出行能耗的作用机理

城市小汽车出行能耗是城市居民交通出行能耗的主要构成部分，拥有小汽车的家庭出行能耗远高于无车家庭，如何降低居民小汽车出行能耗，是研究居民出行能耗和污染物排放的热点。本章应用广州市的居民出行问卷调查数据，结合城市内部空间形态分析，以拥有小汽车的居民家庭为研究对象，构建小汽车家庭出行能耗结构方程模型，分析主要城市空间形态指标对小汽车家庭出行能耗的作用机理，定量评估各指标对小汽车家庭出行能耗的影响。

第一节　研究数据与方法

在问卷调查的基础上，对居民家庭样本的社会经济属性和出行信息进行分类和整理，结合广州市天河区城市空间形态的分析结果，量化居住区的城市空间形态指标，构建居民家庭日常出行能耗结构方程模型。

一、居民家庭日常出行能耗的测算

将居民出行目的进行分类，统计每位家庭成员各类出行目的的出行距离、次数和方式，以家庭为单位，汇总出行次数、出行距离和出行方式的比例。家庭汽车能耗依据每月燃油费用计算，汽车出行距离为汽车行驶里程数。公共出行能耗 E_p 的计算方法如下：

$$E_p = \sum_m \sum_i W_j S_j \quad 6.1$$

式中，W_j 表示交通方式 j 的能耗强度（MJ/p.km），各类出行能耗强度见表 5-3；S_j 表示使用出行方式 j 的出行距离（km）；i 为出行目的；m 表示家庭成员。家庭日常出行能耗为汽车能耗与公共交通能耗之和。

二、居民家庭日常出行能耗结构方程模型

由于拥有汽车的家庭，交通能耗远高于无车家庭，因而以汽车家庭为样本，使用 SPSS 15.0 软件建立数据库，并以此为基础导入 AMOS 17.0 中进行分析并构建结构方程模型，模型表达式和变量含义与公式 5.1 相同。

居民家庭日常出行能耗结构方程模型包括社会经济属性、城市空间形态两个外生变量组和汽车排量、出行行为、能耗三个内生变量组（图 6-1）。其中，地铁可达性为居住区 1 km 有无地铁站点，以虚拟变量（0，1）表示；公交可达性依据广州市公交信息系统，计算居住区 500 m 范围内公交站点通过的公交线路数。内生变量中，汽车 1 排量和汽车 2 排量分别为家庭购买的第一辆和第二辆汽车的排量。

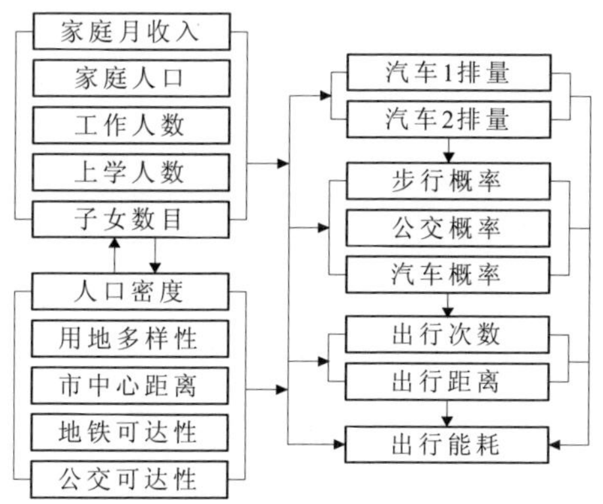

图 6-1　居民家庭日常出行能耗结构方程模型概念图

本研究以最大似然法进行参数估计，在结构方程模型分析前，对观察数据进

行正态性检验，各变量的极值、偏度值以及峰度值如表 6-1 所示，样本数据符合正态分布，偏度系数小于 3，峰度系数小于 8，表示数据变量峰度与正态峰差异不大，样本数据符合模型正态性要求的适用范围（侯杰泰等，2004）。

表 6-1 居民家庭日常出行能耗 SEM 模型数据正态性检验

变量	最小值	最大值	平均值	标准差	偏度值	峰度值
家庭月收入（元）	3000	80000	20977	13399	1.53	2.49
家庭人口（个）	1	6	3.1	0.9	0.18	0.86
工作人数（个）	1	3	1.8	0.4	−1.62	1.69
上学人数（个）	0	2	0.7	0.6	0.23	−0.68
子女数目（个）	0	2	0.9	0.5	−0.07	0.20
人口密度（人/hm^2）	95	467	181.7	122.3	1.68	1.10
土地利用多样性	1.17	1.41	1.2	0.1	1.04	−0.15
市中心距离（km）	1.33	8.93	7.4	2.8	−1.71	0.94
地铁可达性*	0	1	2.0	1.2	0.28	−1.87
公交可达性（条）	23	45	30.5	7.1	0.28	−1.05
汽车 1 排量（L）	1	4	1.9	0.4	1.72	4.77
汽车 2 排量（L）	0	3	0.2	0.6	3.00	7.64
步行概率（%）	5	86	0.3	0.2	0.56	−0.16
公交概率（%）	4	79	0.3	0.2	0.43	−0.25
汽车概率（%）	5	91	0.4	0.2	0.29	−0.68
出行次数（次）	54	364	176.1	51.7	0.63	1.87
出行距离（km/月）	49	3900	1315.8	625.7	0.75	1.34
出行能耗（MJ/月）	1728	56131	5838.6	5711.9	0.92	0.33
多变量						69.75

注：*所标识行的数值“1”代表“有”，“0”代表“无”。

第二节 结构方程模型分析结果

一、模型拟合度

在 AMOS 17.0 软件中运行程序，采用最大似然法（ML）对数据进行估算，并对初始模型进行不断修正，得到最终模型的拟合指数。模型的自由度（DF）为 7，最小卡方值（CMIN）为 12.17，*P*（Probability Level）值为 0.095，最小卡方值与自由度的比值为 1.74，RMSEA（Root Mean Square Error of Approximation）为 0.065，GFI（Goodness-of-Fitindex）、NNFI（Non-normal fitted index）、CFI

（Comparative Fit Index）均大于 0.9，SRMR（Standardized Root Mean square Residual）为 0.003，因此模型的拟合效果非常好（侯杰泰等，2004）。

二、居民出行方式与能耗之间的作用关系

（一）汽车排量对居民出行和能耗的作用

如表 6-2 所示，汽车 1 排量对居民家庭日常出行能耗的总体效应为 0.17，结合两个变量的标准差，即可推算汽车平均排量增加 1 L，家庭平均出行能耗增加 2428

表 6-2　内生变量之间的总体效应、直接效应和间接效应

	效应类型	汽车 1 排量	汽车 2 排量	步行概率	公交概率	汽车概率	出行次数	出行距离
汽车 1 排量	总体效应	0.00	0.00	0.00	0.00	0.00	0.00	0.00
	直接效应	0.00	0.00	0.00	0.00	0.00	0.00	0.00
	间接效应	0.00	0.00	0.00	0.00	0.00	0.00	0.00
汽车 2 排量	总体效应	0.00	0.00	0.00	0.00	0.00	0.00	0.00
	直接效应	0.00	0.00	0.00	0.00	0.00	0.00	0.00
	间接效应	0.00	0.00	0.00	0.00	0.00	0.00	0.00
步行概率	总体效应	0.00	0.00	0.00	0.00	0.00	0.00	0.00
	直接效应	0.00	0.00	0.00	0.00	0.00	0.00	0.00
	间接效应	0.00	0.00	0.00	0.00	0.00	0.00	0.00
公交概率	总体效应	0.00	0.00	–0.47***	0.00	0.00	0.00	0.00
	直接效应	0.00	0.00	–0.47***	0.00	0.00	0.00	0.00
	间接效应	0.00	0.00	0.00	0.00	0.00	0.00	0.00
汽车概率	总体效应	0.04	0.05	–0.56***	–0.60***	0.00	0.00	0.00
	直接效应	0.04	0.05	–0.56***	–0.60***	0.00	0.00	0.00
	间接效应	0.00	0.00	0.00	0.00	0.00	0.00	0.00
出行次数	总体效应	0.00	0.00	0.11***	0.01	–0.05*	0.00	0.00
	直接效应	0.00	0.00	0.09**	–0.07**	–0.05*	0.00	0.00
	间接效应	0.00	0.00	0.03	0.08***	0.00	0.00	0.00
出行距离	总体效应	0.00	–0.01	–0.48***	0.22***	–0.09	0.34	0.00
	直接效应	0.00	0.00	–0.56***	0.51***	–0.07	0.34	0.00
	间接效应	0.00	–0.01	0.08	–0.29***	–0.02	0.00	0.00
出行能耗	总体效应	0.17**	0.20**	–0.04	–0.12	0.19***	0.11	0.25**
	直接效应	0.16*	0.19**	0.20	–0.14	0.21***	0.03	0.25**
	间接效应	0.01	0.01	–0.23***	0.03	–0.02	0.08	0.00

注：以上数值均为标准化后的值，*代表 10%显著性水平上显著，**代表 5%显著性水平上显著，***代表 1%显著性水平上显著。

MJ（家庭平均出行能耗的 42%）。汽车 2 排量对能耗的总体效应为 0.20。从作用路径来看，汽车 1 排量和汽车 2 排量对出行能耗的直接效应系数分别为 0.16 和 0.19，对家庭出行方式、出行次数和出行距离的效应不显著（图 6-2）。

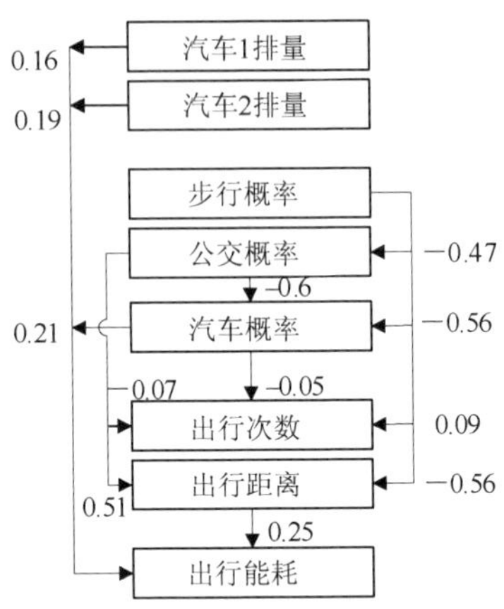

图 6-2　内生变量之间的直接效应路径

注：1.路径系数为 0.1，表示自变量变化 1 个标准差将影响因变量变化 0.1 个标准差；2. A $\xrightarrow{0.2}$ B $\xrightarrow{0.5}$ C，表示 A 通过 B 影响 C 的一条路径，该路径中 A 对 C 的间接效应为 0.2×0.5=0.1；3.所有路径系数均为标准化后的值，在 10%及以上的水平上显著。

（二）出行方式对居民出行和能耗的作用

步行概率对出行次数、出行距离、公交概率、汽车概率的总体效应分别为 0.11、–0.48、–0.47 和–0.56，说明步行为短距离、高频率出行，能有效抑制机动出行。但由于步行的距离短，因此对能耗的效应不显著。公交概率对汽车概率、出行距离的总体效应分别为–0.60 和 0.22，说明公交能替代部分汽车出行，并能有效提高家庭出行距离。由于公交能耗占家庭出行能耗的比例低，因此公交概率的提高对降低能耗的作用有限。公交概率对出行次数的直接效应为负，说明公交概率高的家庭通常出行次数偏低。汽车概率对出行次数和能耗的总体效应分别为–0.05 和 0.19，说明汽车概率高的家庭出行能耗高，但出行次数偏低。汽车概率对出行距离的效应不显著，说明汽车出行主要用于改善出行条件，不会刺激出行距离的增加。

（三）出行次数和出行距离对能耗的作用

出行次数和出行距离在模型中主要受其他内生变量的影响。出行次数仅对出行距离和能耗产生作用，但作用不显著。出行距离直接影响家庭出行能耗，对能耗的直接效应和总体效应均为 0.25。从内生变量对能耗的作用路径来看，家庭出行距离、汽车概率和汽车排量三个变量直接作用于出行能耗，其他变量通过这三者间接影响能耗。从各变量对能耗的总体效应来看，出行距离、汽车概率以及汽车排量的增大均会导致能耗升高。步行概率和公交概率虽然对能耗有一定抑制作用，但由于汽车能耗是家庭出行能耗的主要构成部分，因而对能耗的抑制作用不显著。出行次数对能耗的影响也不显著。

三、居民社会经济属性对出行和能耗的作用

（一）家庭月收入对居民出行和能耗的作用

家庭月收入对汽车 1 排量、汽车 2 排量、公交概率、汽车概率和出行能耗的总体效应分别为 0.39、0.41、–0.28、0.26 和 0.38（表 6-3），表明高收入家庭的汽车排量大，汽车出行概率高，公交出行概率低，能耗高。从作用路径来看，家庭月收入通过直接作用于汽车 1 排量、汽车 2 排量、公交概率和汽车概率四个变量间接作用于家庭能耗，对四个变量的直接效应系数分别为 0.39、0.41、–0.28 和 0.21（图 6-3）。家庭月收入对步行概率、出行次数、出行距离的直接和总体效应均不显著，表明不同收入水平的家庭，步行概率并没有显著差异，高收入家庭使用大排量汽车，且汽车出行概率高，主要是用于替代公共交通以改善出行条件，并不能显著提高出行次数和出行距离。

（二）家庭人口对居民出行和能耗的作用

由表 6-3 可知，家庭人口对汽车 1 排量的总体效应为 0.19，表明多人口家庭在选择第一辆汽车时，偏向购买大排量汽车；而第二辆汽车通常为改善出行而购置，

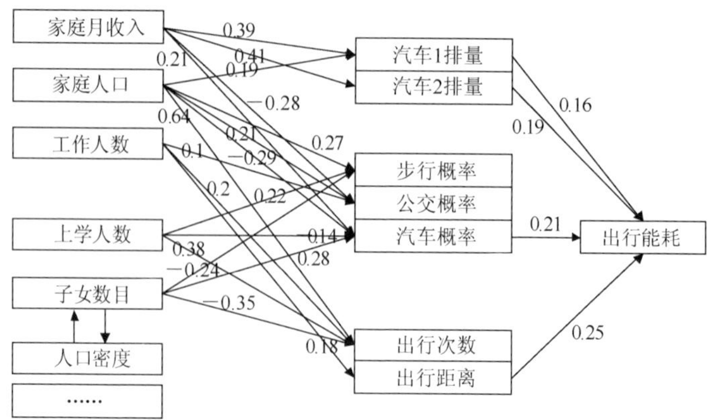

图 6-3　居民社会经济属性对出行和能耗的直接效应路径

表 6-3　居民社会经济属性对内生变量的总体效应、直接效应和间接效应

内生变量	效应类型	家庭月收入	家庭人口	工作人数	上学人数	子女数目
汽车 1 排量	总体效应	0.39***	0.19*	−0.19	−0.02	0.01
	直接效应	0.39***	0.19*	−0.19	−0.02	0.01
	间接效应	0.00	0.00	0.00	0.00	0.00
汽车 2 排量	总体效应	0.41***	0.05	−0.02	0.08	−0.11
	直接效应	0.41***	0.05	−0.02	0.08	−0.11
	间接效应	0.00	0.00	0.00	0.00	0.00
步行概率	总体效应	0.00	0.27***	0.03	0.22***	−0.24***
	直接效应	0.00	0.27***	0.03	0.22***	−0.24***
	间接效应	0.00	0.00	0.00	0.00	0.00
公交概率	总体效应	−0.28***	0.21**	0.10*	0.04	−0.21
	直接效应	−0.28***	0.21**	0.10*	0.04	−0.21
	间接效应	0.00	0.00	0.00	0.00	0.00
汽车概率	总体效应	0.26***	−0.43***	−0.10	−0.26***	0.41***
	直接效应	0.21***	−0.29***	−0.08	−0.14*	0.28**
	间接效应	0.04	−0.14***	−0.03	−0.12***	0.13**
出行次数	总体效应	0.02	0.69***	0.21***	0.41***	−0.39***
	直接效应	0.03	0.64***	0.20***	0.38***	−0.35***
	间接效应	−0.01*	0.05***	0.01	0.03***	−0.04***
出行距离	总体效应	−0.07	0.29**	0.24***	0.20***	−0.25*

续表

内生变量	效应类型	家庭月收入	家庭人口	工作人数	上学人数	子女数目
	直接效应	–0.06	0.18	0.18**	0.16*	–0.23
	间接效应	–0.01	0.11	0.06	0.04	–0.03
出行能耗	总体效应	0.38***	0.04	–0.14	0.21	–0.05
	直接效应	0.20**	–0.05	–0.16	0.15	0.00
	间接效应	0.18***	0.09	0.02	0.06	–0.05

注：*代表 10%显著性水平上显著，**代表 5%显著性水平上显著，***代表 1%显著性水平上显著。

人口对其排量的影响不显著。家庭人口对出行次数和出行距离的总体效应分别为 0.69 和 0.29，说明多人口家庭的出行次数多、出行距离大。人口对步行概率、公交概率和汽车概率的总体效应分别为 0.27、0.21 和–0.43，说明多人口家庭步行和公交概率高，汽车出行概率低。主要原因是人口多的家庭通常有老人和小孩，且汽车满足所有成员出行的能力降低，因而步行和公交概率高、汽车概率低。从作用路径来看，家庭人口通过汽车 1 排量、步行概率、公交概率和汽车概率间接影响能耗，对四个变量的直接效应系数分别为 0.19、0.27、0.21 和–0.29，表明虽然多人口家庭的汽车排量偏高，但步行和公交概率高，汽车概率低，因而家庭人口对能耗的影响不显著。

（三）家庭工作人数对居民出行和能耗的作用

家庭工作人数对出行次数和出行距离的总体效应分别为 0.21 和 0.24（表 6-3），表明通勤出行仍然是居民出行的重要组成部分，工作人数越多，家庭出行次数和出行距离越大。家庭工作人数对步行概率和汽车概率的总体效应不显著，对公交概率的总体效应为 0.1，表明即使是拥有汽车的家庭，居民通勤依然主要依赖公共交通。家庭工作人数对汽车排量的作用不显著。从作用路径来看，家庭工作人数通过公交概率和出行距离间接影响能耗，对两个变量的直接效应系数分别为 0.1 和 0.18，表明工作人数多的家庭，公交概率高，但出行距离长，因而家庭工作人数对出行能耗的总体效应不显著。

（四）家庭上学人数对居民出行和能耗的作用

家庭上学人数对步行概率、汽车概率、出行次数和出行距离的总体效应分别为 0.22、–0.26、0.41 和 0.20（表 6-3），表明上学是家庭出行的主要组成部分，主要以步行为主，乘坐汽车的概率较低，因此居民对居住区的选择会优先考虑子女上学的便捷性。家庭上学人数对汽车排量和公交概率的作用不显著。从作用路径来看，家庭上学人数通过直接作用于步行概率、汽车概率、出行次数和出行距离间接影响家庭能耗。虽然上学会增加家庭出行次数和距离，但上学以步行为主，因而对出行能耗的总体效应不显著。

（五）子女数目对居民出行和能耗的作用

子女数目对步行概率、汽车概率、出行次数和出行距离的总体效应分别为–0.24、0.41、–0.39 和–0.25（表 6-3），说明有子女的家庭步行概率低，汽车出行概率高，出行次数少，距离短。子女数目对家庭汽车排量和公交概率的总体效应不显著。从作用路径来看，子女数目通过直接作用于步行概率、汽车概率、出行次数间接影响家庭能耗，对三个变量的直接作用系数分别为–0.24、0.28 和–0.35，即有子女的家庭步行概率低，汽车出行概率高，但出行次数少，因而对能耗的总体效应不显著。

从居民社会经济属性对能耗的总体效应来看，收入是影响家庭出行能耗的最主要因素。高收入家庭偏向购买大排量汽车，同时汽车出行概率高，公交出行概率低，因而家庭收入和能耗呈显著正相关。已有研究表明，欧美城市高收入家庭的汽车数量多、排量大，但公交和步行概率高，因而高收入家庭的出行能耗并非显著偏高（Chao and Qing，2011）。而研究区高收入家庭的公交概率显著偏低，一方面和公交服务质量偏低有关，另一方面，居民的环保意识还有待提高。人口和工作人数多的家庭，居民公交概率更高，而城市居住空间分异的分析结果表明，城市外围的居住区家庭人口、工作人数更多，因此外围居住区对公共交通的依赖性更强。居民对居住区的选择会优先满足子女短距离上学的便捷性，而家庭是否有子女是影响居民汽车出行的重要因素。

四、城市空间属性对出行和能耗的作用

从城市空间属性对出行能耗的作用路径来看，各空间变量主要通过影响居民步行和公交出行，出行次数和出行距离间接影响家庭出行能耗。各空间变量对汽车排量和汽车概率的效应均不显著（图 6-4）。

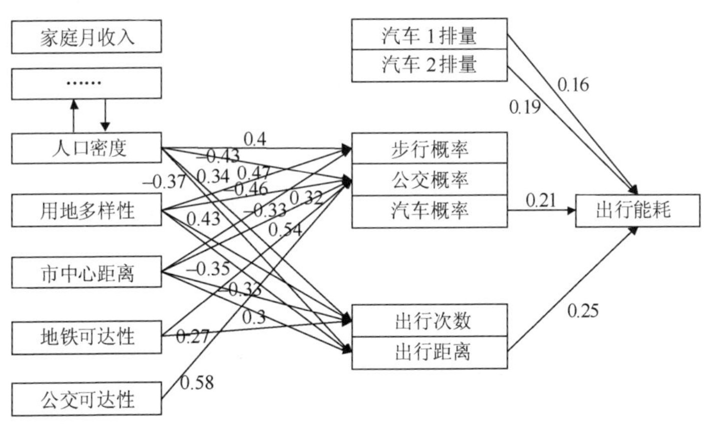

图 6-4　城市空间属性对出行和能耗的直接效应路径

（一）土地利用方式对出行和能耗的作用

人口密度对步行概率、公交概率、出行次数、出行距离和能耗的总体效应分别为 0.40、−0.43、0.37、−0.47、−0.29（表 6-4）；土地利用多样性对步行概率、公交概率、出行次数、出行距离和能耗的总体效应分别为 0.47、−0.46、0.41、−0.46、−0.38；市中心距离对家庭步行概率、公交概率、出行次数、出行距离和能耗的总体效应分别为−0.33、0.32、−0.36、0.35、0.27。说明人口密度大、用地多样性高，距离城市中心近的居住区，居民家庭步行概率高，公交概率低、出行次数多、家庭出行总距离短、出行能耗低。根据三个变量对能耗的总体效应，结合各变量的标准差，即可计算出人口密度增加 1000 人/km^2（样本平均人口密度的 5%），有车家庭每月出行能耗降低 134 MJ（样本平均能耗的 2%）；居住区距离市中心的距离

增加 1 km（14%），家庭每月能耗增加 554 MJ（10%）；土地利用多样性增加 1%，每月出行能耗降低 259 MJ（4%）。

表 6-4 城市空间属性对内生变量的总体效应、直接效应和间接效应

内生变量	效应类型	人口密度	用地多样性	市中心距离	地铁可达性	公交可达性
汽车 1 排量	总体效应	0.01	–0.20	0.14	0.21	0.15
	直接效应	0.01	–0.20	0.14	0.21	0.15
	间接效应	0.00	0.00	0.00	0.00	0.00
汽车 2 排量	总体效应	–0.04	0.03	–0.01	0.03	–0.14
	直接效应	–0.04	0.03	–0.01	0.03	–0.14
	间接效应	0.00	0.00	0.00	0.00	0.00
步行概率	总体效应	0.40***	0.47**	–0.33***	0.43	–0.12
	直接效应	0.40***	0.47**	–0.33***	0.43	–0.12
	间接效应	0.00	0.00	0.00	0.00	0.00
公交概率	总体效应	–0.43***	–0.46***	0.32***	0.54**	0.58*
	直接效应	–0.43***	–0.46***	0.32***	0.54**	0.58*
	间接效应	0.00	0.00	0.00	0.00	0.00
汽车概率	总体效应	0.00	–0.05	0.03	–0.03	–0.37
	直接效应	0.23	0.23	–0.16	–0.28	–0.44
	间接效应	–0.22	–0.27	0.19	0.25*	0.07
出行次数	总体效应	0.37***	0.41***	–0.36***	0.30**	–0.15
	直接效应	0.34***	0.40***	–0.33***	0.27**	–0.16
	间接效应	0.03*	0.01**	–0.03**	0.04	0.01
出行距离	总体效应	–0.47***	–0.46**	0.35**	0.11	0.25
	直接效应	–0.37**	–0.35	0.30*	–0.03	0.21
	间接效应	–0.10	–0.11	0.06	0.14	0.04
出行能耗	总体效应	–0.29**	–0.38***	0.27***	–0.15	0.31
	直接效应	–0.03	–0.03	0.03	0.03	–0.05
	间接效应	–0.25*	–0.35**	0.23**	–0.18	0.35

注：*代表 10%显著性水平上显著，**代表 5%水平上显著，***代表 1%水平上显著。

从三个空间形态指标对居民出行及能耗的总体效应来看，土地利用多样性的影响作用最大。家庭出行主要有通勤、生活、休闲（购物和文化娱乐等）出行三类，研究区后两类出行比例略大于通勤出行，而决定居民生活和休闲出行的主要因素是居住区周边购物环境、公共娱乐设施的配置情况，因而土地利用多样性是影响居民家庭日常出行和能耗的最主要因素。人口密度、土地利用多样性和市中心距离对汽车排量、汽车概率的效应不显著，表明其对汽车消费没有约束力。城市居住空间分异的研究结果也表明，城市空间属性与家庭是否有汽车并无显著的相关性。已有研究表明，欧美城市高人口密度区域的居民偏向购买小排量汽车以便于停车（Bhat and Sen，2006；Bhat *et al.*，2009；Fang，2008）。尽管研究区人口密度远高于欧美城市，但人口密度等空间变量对汽车消费依然没有约束能力，这与我国目前的发展阶段相关，我国正处于汽车消费增长阶段，居民生活水平不断提高，因而收入仍然是汽车消费的主导因素。

（二）公共交通资源配置对出行和能耗的作用

地铁可达性对出行次数的总体效应为 0.30（表 6-4），表明靠近地铁站的居住区，居民家庭出行次数更高。地铁和公交可达性对公交概率的总体效应分别为 0.54 和 0.58，表明公交资源的改善有助于提高居民的公交出行概率。地铁和公交可达性对步行概率、汽车概率的影响均不显著，表明居民短距离出行偏好步行，而汽车出行舒适度高，增加公交资源的配置对二者没有替代作用，这也在一定程度上反映了有车家庭对汽车出行的依赖性。从作用路径来看，由于汽车排量、汽车概率、出行距离是决定能耗的主要因素，而地铁和公交可达性对三者的效应皆不显著，仅对公交出行概率有一定影响，因而对出行能耗的总体效应不显著。

第三节　主要结论和政策建议

一、主要结论

本章围绕城市空间形态对小汽车家庭出行能耗的影响展开研究，利用广州市典型居住区居民出行调查数据和城市空间形态的研究结果，构建汽车家庭日常出行能耗结构方程模型，探讨主要城市空间形态指标和居民社会经济属性对家庭出行能耗的影响机理，得到以下主要结论：

1）出行距离、汽车出行概率、汽车排量是决定汽车家庭日常出行能耗的主要因素，城市空间形态指标主要通过影响家庭出行距离，间接影响出行能耗。

2）人口密度大、土地利用多样性高、靠近市中心的居住区，家庭步行概率高、出行次数多，但出行总距离短，能耗低；其中，土地利用多样性对汽车家庭日常出行能耗的影响最大。

3）人口密度增加 1000 人/km^2（样本平均人口密度为 18200 人/km^2），汽车家庭平均出行能耗降低 2%（样本平均出行能耗为 5839 MJ/月）；居住区至市中心的距离增加 1 km（样本至市中心的平均距离为 7.4 km），能耗增加 10%；土地利用多样性提高 1%（样本平均土地利用多样性为 1.2），能耗降低 4%。

4）收入是决定家庭是否有汽车、汽车排量以及汽车出行概率的关键因子，而主要城市空间形态指标对汽车消费没有显著的影响。在公交资源配置较差的城市外围区域，居民通勤及其他日常出行对公共交通的依赖性更强。居民在选择居住区位时，会优先考虑子女上学的短距离出行，而子女的其他日常外出则是影响家庭汽车出行的重要因素。

二、政策建议

影响居民出行及能耗的因素众多，只有深入探讨城市空间形态、居民出行行为以及能耗三者之间的辩证关系，才能从根本上解决如何构建低碳城市这个关键问题。针对城市空间形态和居民社会经济属性对出行能耗的作用机理，提出以下建议：

1）人口密度和市中心距离对小汽车家庭日常出行能耗的总体效应分别呈显著的负相关和正相关，因此促进城市的紧凑发展，通过集中开发现有和邻近区域来减少城市蔓延，有效增加人口密度的同时，避免由城市低密度扩张所导致的居住区距离城市中心过远。在土地高密度开发的基础上，强调小街区设计，创建密集的道路网络，引导居民步行出行。

2）用地多样性是主要城市空间形态指标中对家庭日常出行能耗影响较大的因

子，相对于通勤出行，居民生活和休闲购物出行具有更大的弹性。我国居民收入水平处于不断提升阶段，虽然通勤仍然是多数城市出行的主要构成部分，但随着生活水平的提高，家庭生活和休闲出行次数将逐渐增多，并逐步取代通勤的主导地位。因而对于已有和规划居住区、尤其是郊区居住区，应注重对休闲、购物、娱乐等基础设施的供给，提高土地利用的多样性，在满足居民生活和休闲出行需求增长的基础上，缩短出行距离、提高步行概率，降低对机动出行的依赖。同时也增加了就业岗位，有助于协调职住平衡。

3）公共交通通勤仍然是居民通勤的主要方式，而城市外围居住区对公共交通的依赖性更强；因此公共交通的组织一方面应注重通勤时间的有效供给，增加运输能力；另一方面，应加强对城市外围区域公共交通资源的配置。

4）居民在居住区位选择时，会优先满足子女短距离上学的需求，而子女其他日常出行是导致家庭汽车概率升高的重要因素。因此，应结合城市居住用地布局，构建均衡分布的基础教育设施网络，保障学龄儿童就近入学。同时，注重居住区周边儿童娱乐休闲等公共基础设施的配置，促进儿童日常短距离出行。

5）收入是决定家庭是否有汽车、汽车排量以及汽车出行概率的关键因子，而城市空间形态对汽车消费没有显著的影响。因此，对居民汽车消费的调节还应以经济手段为主，如对小排量汽车的补贴等，同时注重对停车政策、税费措施的运用，以降低汽车出行量。

第七章　多中心城市公共交通可达性对小汽车出行的作用机理

我国大型城市数量众多，根据第六次全国人口普查数据，常住人口超过500万的特大城市已经接近90个，大量城市采取多中心的城市空间结构以缓解城市交通压力（孙斌栋等，2013）。然而，多中心的城市空间结构是否有助于缓解城市交通的压力还存在争议，是否有助于降低居民出行需求和碳排放还缺乏系统严谨的实证研究（丁成日，2010），迫切需要加强相关研究，以指导我国快速城市化背景下的低碳城市规划。已有城市宏观尺度的研究主要探讨单中心或多中心的城市空间结构对交通流向、居民出行方式等因素的影响，是否影响出行能耗和碳排放还缺乏实证研究；而城市中观和微观尺度的研究通常忽略了城市空间结构，尤其是城市副中心的作用。因此，本章以广州市主中心和副中心的典型居住区为研究对象，开展实证研究，探讨多中心的城市发展战略是否有助于降低居民出行能耗。

第一节　研究数据与方法

一、研究数据

围绕城市主中心和副中心选择居住小区样本为研究对象，获得1086个有效家庭样本，其中汽车家庭有效样本450个，城市主中心样本177个，城市副中心273个。

二、建模分析方法

以汽车家庭社会经济属性和出行数据结合城市主中心和副中心公共交通可达性数据，分别构建城市主中心和副中心结构方程模型，并对比两组模型之间的差异。将有效汽车家庭样本数据在 SPSS 软件中建立个体样本数据库，并以此为基础导入 AMOS 软件中构建结构方程模型，模型表达式和变量含义与公式 5.1 相同。

模型的概念框架如图 7-1 所示，研究关注公共交通和居民社会经济属性对汽车家庭私家车行驶里程的影响，重点分析外生变量（地铁可达性、公交可达性）如何通过路径作用影响私家车行驶里程。居民社会经济属性和公共交通交叉作用，以私家车拥有量、私家车出行频率、私家车出行时间为中介对私家车行驶里程产生作用。建模目的在于估计变量之间的路径矩阵 Γ。

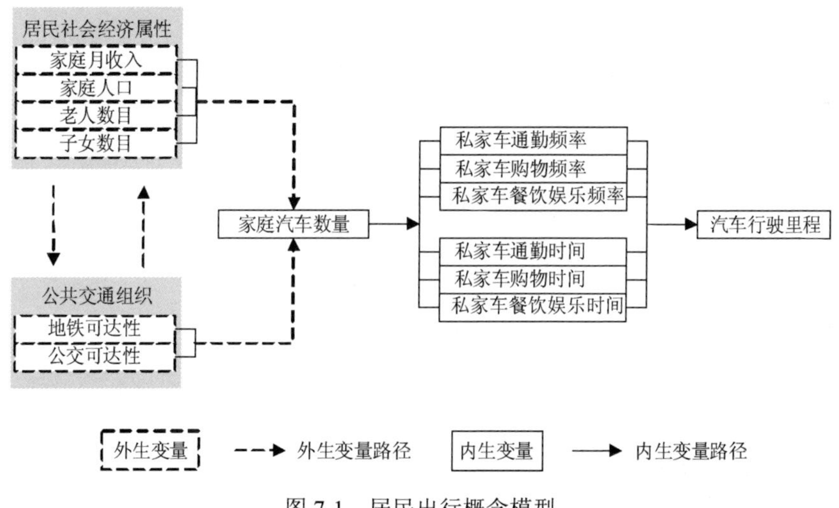

图 7-1　居民出行概念模型

参考广州已有研究，梳理调查小区所在区域的人口密度、制造业人口密度、生活型服务业人口密度、生产型服务业人口密度，用以反映调查小区周边的就业情况、公共服务设施等提供的水平。

采用权重法对社区的地铁可达性进行评估。社区 2 km 直线范围内有一条地铁线路得 20 分，社区 2～3 km 直线范围内有一条地铁线路得 10 分；由其中任何一条地铁到达城市 CBD 的时间 15 分钟以内得 20 分，30 分钟以内得 15 分，30 分钟以上得 10 分；地铁在社区 0.5 km 步行范围内得 20 分，0.5～1 km 步行范围内得 10 分，1～2 km 步行范围得 5 分。公交可达性以社区 1 km 直径范围公交车的数量计算。

第二节　公共交通可达性对主中心居民小汽车出行的作用机理

一、变量基本属性

研究以最大似然法进行参数估计，在结构方程模型分析前，对观察数据进行正态性检验，各变量的极值、偏度值以及峰度值如表 7-1 所示，样本数据基本符合正态分布，符合模型正态性要求的适用范围。

表 7-1　主中心汽车家庭模型数据正态性分布

变量	平均值	最小值	最大值	偏度值	峰度值
公交可达性	93.0	49.000	93.000	0.202	–1.362
地铁可达性	64.0	60.000	70.000	0.431	–0.886
老人数量（个）	0.1	0.000	2.000	4.223	18.527
子女数目（个）	0.2	0.000	2.000	2.511	5.783
家庭人口（个）	2.6	1.000	5.000	0.720	–0.566
家庭月收入（元）	15416.0	1.000	30.000	2.246	8.678
私家车拥有量（个）	1.1	1.000	2.000	2.701	5.296
户主私家车餐饮娱乐频率（次）	1.3	0.000	2.000	5.458	30.987
户主私家车购物频率（次）	1.1	0.000	2.000	4.304	19.517
户主私家车通勤频率（次）	1.4	0.000	4.000	0.343	0.197
户主私家车餐饮娱乐时间（分钟）	28.0	0.000	4.000	6.278	42.200
户主私家车购物时间（分钟）	22.0	0.000	2.000	4.601	20.713
户主私家车通勤时间（分钟）	40.0	0.000	9.000	0.986	1.291
私家车行驶里程（公里）	15538.0	0.000	24.000	1.943	3.861
多变量					242.048

二、模型拟合度

选择 CMIN、CMIN/DF、GFI 等拟合指数反映模型的拟合效果（表 7-2），拟合指数表明，两组模型的拟合效果均较好。

表 7-2　模型拟合度检验

拟合指数	参考值	主中心汽车家庭	副中心汽车家庭
Chi square（CMIN）	P>0.05	32.868（P=0.064）	20.224（P=0.569）
Chi square/number of degrees of freedom（CMIN/DF）	<3	1.494	0.919
Goodness-of-Fit Index（GFI）	>0.90	0.973	0.990
Root Mean Square Error of Approximation（RMSEA）	<0.08	0.055	0.000

三、主中心汽车家庭模型模拟结果

（一）公共交通组织对汽车家庭居民出行的作用和路径

城市主中心公交可达性对汽车家庭私家车拥有量、私家车出行、私家车行驶里程的作用基本不显著；对户主私家车餐饮娱乐时间的直接效应为–0.078，但总体效应不显著。地铁可达性对户主私家车通勤时间的总体效应为–0.129，表明地铁可达性可有效降低居民私家车通勤时间，即长时间通勤居民会优先选择地铁（表 7-3）。

公交可达性和地铁可达性对汽车家庭私家车拥有量和私家车行驶里程的直接效应和总体效应不显著，表明在城市主中心，公共交通资源的配置对汽车家庭汽车的购置和使用基本没有影响。

（二）社会经济属性对汽车家庭居民出行的作用和路径

社会经济属性中，家庭月收入对居民出行的作用最大，其次是老人数量和家庭人口。

家庭月收入对户主私家车通勤频率的直接效应和总体效应分别为 0.247 和 0.249，对户主私家车通勤时间的间接效应和总体效应分别为 0.176 和 0.23，表明收入高的家庭户主私家车通勤频率更高；结合路径图 7-2 可知，家庭月收入通过作用于户主私家车通勤频率间接影响户主私家车通勤时间。

表 7-3 主中心变量之间的效应值与显著性

变量	效应类型	公交可达性	地铁可达性	老人数量	子女数目	家庭人口	家庭月收入	私家车拥有量	户主私家车餐饮娱乐出行频率	户主私家车购物出行频率	户主私家车通勤频率	户主私家车餐饮娱乐出行时间	户主私家车购物出行时间	户主私家车通勤时间
私家车拥有量	总体效应	0.055	–0.087	–0.057	0.100	–0.080	0.020	0.000	0.000	0.000	0.000	0.000	0.000	0.000
	直接效应	0.055	–0.087	–0.057	0.100	–0.080	0.020	0.000	0.000	0.000	0.000	0.000	0.000	0.000
	间接效应	0.000	0.000	0.000	0.000	0.000	0.000	0.000	0.000	0.000	0.000	0.000	0.000	0.000
私家车餐饮娱乐出行频率	总体效应	–0.028	0.039	0.049	–0.056	–0.049	0.124	0.094	0.000	0.000	0.000	0.000	0.000	0.000
	直接效应	–0.033	0.048	0.054	–0.065	–0.042	0.122	0.094	0.000	0.000	0.000	0.000	0.000	0.000
	间接效应	0.005	–0.008	–0.005	0.009	–0.008	0.002	0.000	0.000	0.000	0.000	0.000	0.000	0.000
户主私家车购物出行频率	总体效应	–0.032	–0.024	0.334***	0.083	–0.123	0.079	0.090	0.000	0.000	0.000	0.000	0.000	0.000
	直接效应	–0.037	–0.016	0.339***	0.074	–0.115	0.077	0.090	0.000	0.000	0.000	0.000	0.000	0.000
	间接效应	0.005	–0.008	–0.005	0.009	–0.007	0.002	0.000	0.000	0.000	0.000	0.000	0.000	0.000
户主私家车通勤频率	总体效应	0.102	–0.106	0.000	–0.037	–0.073	0.249***	0.123	0.000	0.000	0.000	0.000	0.000	0.000
	直接效应	0.095	–0.095	0.007	–0.049	–0.063	0.247**	0.123	0.000	0.000	0.000	0.000	0.000	0.000
	间接效应	0.007	–0.011	–0.007	0.012	–0.010	0.002	0.000	0.000	0.000	0.000	0.000	0.000	0.000
户主私家车餐饮娱乐出行时间	总体效应	–0.102	0.079	0.106	–0.008	–0.175	0.153**	0.081	0.864***	0.000	0.000	0.000	0.000	0.000
	直接效应	–0.078**	0.045	0.064	0.041	–0.132**	0.046	0.000	0.864***	0.000	0.000	0.000	0.000	0.000
	间接效应	–0.024	0.034	0.042	–0.048	–0.043	0.107	0.081	0.000	0.000	0.000	0.000	0.000	0.000
户主私家车购物出行时间	总体效应	–0.013	–0.040	0.152*	0.036	–0.103	0.058	0.086	0.000	0.956***	0.000	0.000	0.000	0.000
	直接效应	0.018	–0.017	–0.167***	–0.043	0.014	–0.017	0.000	0.000	0.956***	0.000	0.000	0.000	0.000
	间接效应	–0.030	–0.023	0.319***	0.079	–0.117	0.076	0.086	0.000	0.000	0.000	0.000	0.000	0.000
户主私家车通勤时间	总体效应	0.015	–0.129*	–0.054	0.036	–0.132	0.230**	0.087	0.000	0.000	0.704***	0.000	0.000	0.000
	直接效应	–0.057	–0.055	–0.054	0.062	–0.081	0.054	0.000	0.000	0.000	0.704***	0.000	0.000	0.000
	间接效应	0.072	–0.075	0.000	–0.026	–0.051	0.176***	0.087	0.000	0.000	0.000	0.000	0.000	0.000
私家车行驶里程	总体效应	–0.026	0.012	0.049	0.001	–0.051	0.065*	0.036	0.318***	0.019	0.036	0.155	–0.134	0.102
	直接效应	0.000	0.000	0.000	0.000	0.000	0.000	0.000	0.184	0.148	–0.036	0.155	–0.134	0.102
	间接效应	–0.026	0.012	0.049	0.001	–0.051	0.065*	0.036	0.134	–0.128	0.072	0.000	0.000	0.000

注：*代表 10%显著性水平上显著，**代表 5%显著性水平上显著，***代表 1%显著性水平上显著。

老人数量对户主私家车购物频率的直接效应和总体效应 0.339 和 0.334，对户主私家车购物时间的间接效应和总体效应分别为 0.319 和 0.152，表明有老人的家庭，户主会陪老人购物，增加私家车购物的频率和出行时间。

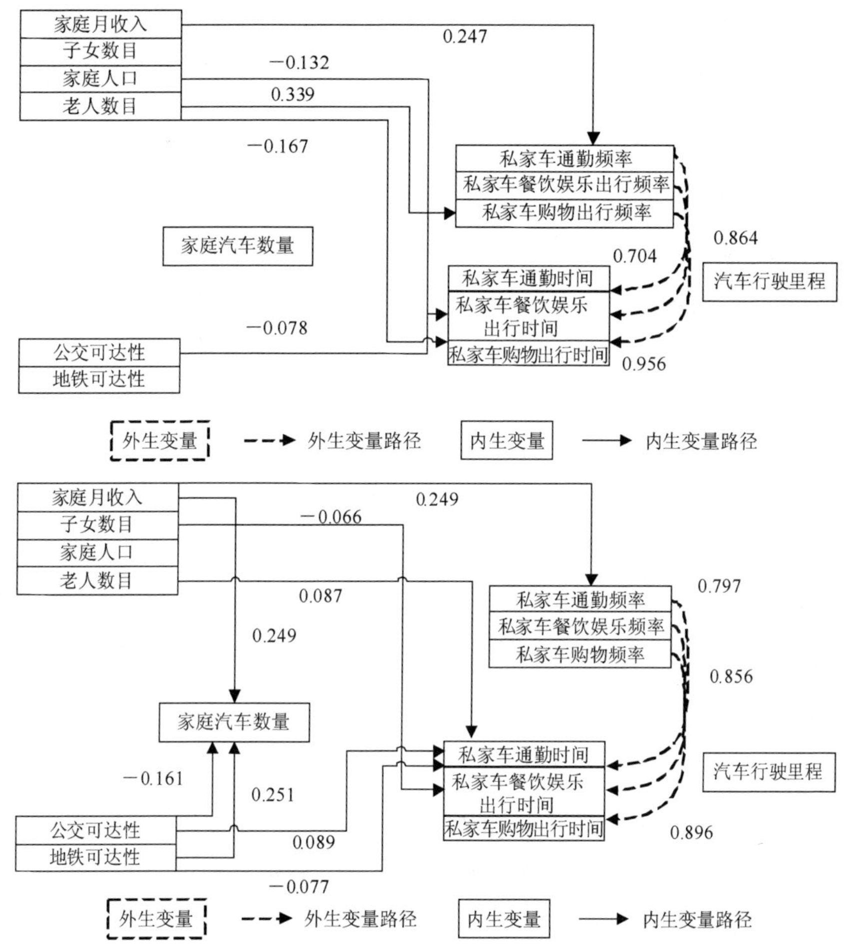

图 7-2　公共交通组织和社会经济属性对汽车家庭居民出行的作用和路径

注：上图：城市主中心，下图：城市副中心。

（三）私家车保有量和出行方式对汽车家庭私家车行驶里程的作用和路径

户主私家车餐饮娱乐出行频率、户主私家车购物出行频率、户主私家车通勤频率分别对户主私家车餐饮娱乐时间、户主私家车购物时间、户主私家车通勤时间的直接效应和总体效应显著，作用系数分别为 0.864、0.956、0.704。从出行频率和出行时间对行驶里程的作用来看，仅户主私家车餐饮娱乐频率对行驶里程的作用显著，总体效应分别为 0.318，表明在城市主中心，户主餐饮娱乐私家车出行是影响汽车行驶里程的关键因素。私家车保有量对居民出行和行驶里程的影响不显著，表明有一辆车和多辆车的家庭，在出行和行驶总里程方面没有根本差异。

（四）社会经济属性、公共交通组织和出行方式对汽车家庭私家车行驶里程的总体作用

在城市主中心，对于拥有私家车的家庭，公共交通的组织对居民私家车购置和私家车行驶里程基本没有影响，但地铁可达性可降低居民私家车通勤时间。社会经济属性中，家庭月收入是影响居民私家车出行的关键因素，对居民私家车出行里程的总体效应影响显著。老人数量和家庭人口对私家车出行频率和时间有影响，对私家车出行里程的影响不显著。内生变量中，户主餐饮娱乐出行频率是影响私家车行驶里程的关键因素，也是所有变量中对私家车行驶里程作用最大的变量。

综合以上分析，在城市主中心，对于已经有车的家庭，公共交通的组织对私家车行驶里程的影响不显著，表明城市主中心已经有车的家庭，私家车行驶里程相对稳定，不会因公共交通的改善而降低，即私家车出行的生活方式一旦形成，具有一定的锁定效应，将不受公共交通的改善的影响。社会经济属性中，家庭月收入是影响对私家车行驶里程的关键因素，收入高的居民私家车行驶里程更高，表明城市主中心私家车出行成本更高。私家车数量对私家车行驶里程的影响不显著。出行方式变量中，户主餐饮娱乐出行是影响行驶里程的关键因素，表明城市中心居民私家车餐饮娱乐出行的行驶里程在所有私家车出行的构成中占比较大。

第三节　公共交通可达性对副中心汽车家庭居民私家车出行的作用机理

一、变量基本属性

变量基本属性研究以最大似然法进行参数估计，在结构方程模型分析前，对观察数据进行正态性检验，各变量的极值、偏度值以及峰度值如表 7-4 所示，样本数据基本符合正态分布，符合模型正态性要求的适用范围。

表 7-4　副中心汽车家庭模型数据正态性分布

变量	平均值	最小值	最大值	偏度值	峰度值
公交可达性	40.0	8.000	40.000	2.728	7.317
地铁可达性	21.0	10.000	40.000	0.314	–1.732
老人数量（个）	0.1	0.000	2.000	5.695	32.291
子女数目（个）	0.1	0.000	2.000	3.256	10.628
家庭人口（个）	2.4	1.000	5.000	0.745	–0.182
家庭月收入（元）	16475.0	0.000	40.000	2.673	9.342
私家车拥有量（个）	1.1	1.000	2.000	2.436	3.935
户主私家车餐饮娱乐频率（次）	1.2	0.000	2.000	4.037	16.726
户主私家车购物频率（次）	1.1	0.000	2.000	2.944	8.444
户主私家车通勤频率（次）	1.5	0.000	4.000	–0.017	–0.850
户主私家车餐饮娱乐时间（分钟）	37.0	0.000	7.000	5.228	30.837
户主私家车购物时间（分钟）	28.0	0.000	5.000	4.149	18.711
户主私家车通勤时间（分钟）	49.0	0.000	11.000	0.681	0.674
私家车行驶里程（公里）	18894.0	0.000	104.000	6.938	59.874
多变量					239.969

注：除平均值外，其他数据为无量纲标准化数据。

二、模型拟合度

选择 CMIN、CMIN/DF、GFI 等拟合指数反映模型的拟合效果（表 7-5），拟合指数表明，两组模型的拟合效果均较好。

表 7-5 模型拟合度

拟合指数	参考值	主中心汽车家庭	副中心汽车家庭
Chi square（CMIN）	P>0.05	32.868（P=0.064）	20.224（P=0.569）
Chi square/number of degrees of freedom（CMIN/DF）	<3	1.494	0.919
Goodness-of-Fit Index（GFI）	>0.90	0.973	0.990
Root Mean Square Error of Approximation（RMSEA）	<0.08	0.055	0.000

三、副中心汽车家庭模型模拟结果

（一）公共交通组织对汽车家庭居民出行的作用和路径

城市副中心公交可达性对私家车拥有量的直接效应和总体效应均为–0.161，表明公交车资源的配置可以有效抑制汽车家庭新增车辆购置。地铁可达性对私家车拥有量的直接效应和总体效应均为 0.251，表明城市副中心地铁可达性好的区域，居民购置私家车的概率更高；主要原因是，城市副中心地铁可达性好的居住区的居民部分是城市中心居民的外溢，尽管地铁可达性优于副中心其他区域，但整体水平低于全市，地铁虽然解决了一部分通勤等出行，但其他出行依然依靠私家车，因而在城市副中心地铁沿线，私家车拥有量反而更高（表 7-6）。

地铁可达性对户主私家车通勤时间的直接效应和总体效应均分别为–0.077 和–0.166，表明城市副中心地铁可达性好的区域，户主长距离通勤会优先选择地铁，以减少通勤时间。

（二）社会经济属性对汽车家庭居民出行的作用和路径

社会经济属性中，老人数量对户主私家车通勤时间的直接效应为 0.087，子女数目对户主私家车餐饮娱乐时间的直接效应为–0.066；表明有老人的大型家庭，户主私家车通勤时间更长，而有子女的家庭外出餐饮娱乐的时间更少。家庭人口对居民出行的作用不显著。

家庭月收入对私家车家车拥有量的直接效应和总体效应均为 0.249，表明收入对汽车家庭新增汽车的购置有显著的正效应。家庭月收入对户主私家车通勤频率的直接效应和总体效应均分别为 0.211 和 0.213，表明收入高的家庭，户主私家车

表 7-6 副中心变量之间的效应值与显著性

变量	效应类型	公交可达性	地铁可达性	老人数量	子女数目	家庭人口	家庭月收入	私家车拥有量	户主私家车餐饮娱乐出行频率	户主私家车购物出行频率	户主私家车通勤频率	户主私家车餐饮娱乐出行时间	户主私家车购物出行时间	户主私家车通勤时间
私家车拥有量	总体效应	−0.161**	0.251***	0.014	−0.001	−0.102	0.249***	0.000	0.000	0.000	0.000	0.000	0.000	0.000
	直接效应	−0.161**	0.251***	0.014	−0.001	−0.102	0.249***	0.000	0.000	0.000	0.000	0.000	0.000	0.000
	间接效应	0.000	0.000	0.000	0.000	0.000	0.000	0.000	0.000	0.000	0.000	0.000	0.000	0.000
私家车餐饮娱乐出行频率	总体效应	0.024	0.024	0.057	−0.047	0.061	−0.059	−0.014	0.000	0.000	0.000	0.000	0.000	0.000
	直接效应	0.021	0.027	0.057	−0.047	0.059	−0.056	−0.014	0.000	0.000	0.000	0.000	0.000	0.000
	间接效应	0.002	−0.004	0.000	0.000	0.001	−0.004	0.000	0.000	0.000	0.000	0.000	0.000	0.000
户主私家车购物出行频率	总体效应	−0.045	0.001	−0.004	−0.061	0.019	0.046	0.026	0.000	0.000	0.000	0.000	0.000	0.000
	直接效应	−0.040	−0.005	−0.004	−0.061	0.022	0.039	0.026	0.000	0.000	0.000	0.000	0.000	0.000
	间接效应	−0.004	0.007	0.000	0.000	−0.003	0.007	0.000	0.000	0.000	0.000	0.000	0.000	0.000
户主私家车通勤频率	总体效应	−0.025	−0.111	0.000	0.030	−0.021	0.213***	0.007	0.000	0.000	0.000	0.000	0.000	0.000
	直接效应	−0.024	−0.112	0.000	0.030	−0.020	0.211***	0.007	0.000	0.000	0.000	0.000	0.000	0.000
	间接效应	−0.001	0.002	0.000	0.000	−0.001	0.002	0.000	0.000	0.000	0.000	0.000	0.000	0.000
户主私家车餐饮娱乐出行时间	总体效应	0.026	0.002	0.100	−0.105	0.093	−0.040	−0.012	0.856***	0.000	0.000	0.000	0.000	0.000
	直接效应	0.006	−0.019	0.051	−0.066**	0.041	0.011	0.000	0.856***	0.000	0.000	0.000	0.000	0.000
	间接效应	0.020	0.020	0.049	−0.040	0.052	−0.051	−0.012	0.000	0.000	0.000	0.000	0.000	0.000
户主私家车购物出行时间	总体效应	−0.048	−0.015	−0.019	−0.034	−0.020	0.023	0.024	0.000	0.896***	0.000	0.000	0.000	0.000
	直接效应	−0.008	−0.016	−0.016	0.020	−0.037	−0.018	0.000	0.000	0.896***	0.000	0.000	0.000	0.000
	间接效应	−0.040	0.001	−0.003	−0.054	0.017	0.041	0.024	0.000	0.000	0.000	0.000	0.000	0.000
户主私家车通勤时间	总体效应	0.069	−0.166**	0.087	0.028	−0.091	0.164***	0.006	0.000	0.000	0.797***	0.000	0.000	0.000
	直接效应	0.089*	−0.077*	0.087**	0.004	−0.074	−0.006	0.000	0.000	0.000	0.797***	0.000	0.000	0.000
	间接效应	−0.020	−0.088	0.000	0.024	−0.017	0.170***	0.006	0.000	0.000	0.000	0.000	0.000	0.000
私家车行驶里程	总体效应	0.011	−0.015	0.010	0.003	−0.010	0.011	0.000	−0.035	−0.024	0.044	0.014	−0.051	0.123
	直接效应	0.000	0.000	0.000	0.000	0.000	0.000	0.000	−0.047	0.022	−0.054	0.014	−0.051	0.123
	间接效应	0.011	−0.015	0.010	0.003	−0.010	0.011	0.000	0.012	−0.046	0.098	0.000	0.000	0.000

注：*代表 10%显著性水平上显著，**代表 5%显著性水平上显著，***代表 1%显著性水平上显著。

通勤的概率更高。家庭月收入对户主私家车通勤时间的间接效应和总体效应均为0.170和0.164，结合路径图7-2分析，家庭月收入通过户主私家车通勤频率间接作用于户主私家车通勤时间。副中心居民家庭收入直接影响私家车的购买，同时影响居民通勤出行频率并间接影响通勤时间。各社会经济属性对私家车行驶里程的总体效应不显著。

（三）私家车保有量和出行方式对汽车家庭私家车行驶里程的作用和路径

户主私家车餐饮娱乐出行频率、户主私家车购物出行频率、户主私家车通勤出行频率对户主私家车餐饮娱乐出行时间、户主私家车购物出行时间、户主私家车通勤时间的直接效应和总体效应显著，作用效果分别为0.856、0.896和0.797。私家车出行频率、出行时间、私家车拥有量对居民出行和行驶里程的影响不显著。

（四）社会经济属性、公共交通组织和出行方式对汽车家庭私家车行驶里程的总体作用

在城市副中心，对于拥有私家车的家庭，公交可达性和地铁可达性对汽车家庭私家车行驶里程的总体作用不显著，但公交可达性的改善可以减少私家车的购置，地铁可达性的改善可以减少户主私家车通勤时间。社会经济属性和公共交通的组织对汽车家庭私家车行驶里程的总体作用不显著。表明家庭购车后，汽车出行的方式以及汽车行驶里程基本不受社会经济属性和公交组织的影响。

第四节　主要结论和政策建议

本研究结果表明，城市主中心和副中心居民的出行特征不同，公共交通的组织和居民社会经济属性对出行的影响也存在明显差异。因此，针对城市主中心和副中心应该有差异化的公交组织策略和经济调节方式。具体结论和建议如下：

一、主要结论

1）汽车家庭出行高能耗锁定效应明显，副中心更为显著。

无论是城市主中心还是副中心，虽然公交可达性、地铁可达性对居民出行和私家车拥有量有一定影响，但对私家车行驶里程的作用不显著，表明家庭一旦购买汽车，形成汽车出行习惯，私家车出行生活方式将固化，公共交通设施的改善对汽车行驶里程，即能耗和排放的锁定效应明显。城市副中心的汽车家庭平均行驶里程更高，除了公共交通可达性因素外，社会经济属性和出行变量对汽车行驶里程的影响也不显著，表明副中心的高能耗锁定效应更显著。

2）地铁可达性的提升可有效降低居民通勤时间，公交可达性提升可减少副中心家庭新增汽车的购置。

地铁可达性的提升可有效降低居民私家车通勤时间，对城市主中心和副中心的总体作用分别为–0.129 和–0.166，表明地铁的建设可有效改善通勤，减少私家车出行，对副中心的作用更大。公交可达性的提升可有效降低副中心居民私家车的购置，而主中心公交可达性好的区域户主私家车餐饮娱乐私家车出行时间更少。综合来看，地铁可达性对通勤的影响更大，公交可达性的对非通勤出行的作用更强，但两者对私家车行驶里程的影响均不显著，表明现有公共交通只能在一定程度上影响出行，并不能有效降低居民私家车出行里程，即能耗和碳排放。

3）家庭收入对城市主中心居民私家车出行里程的影响显著，对副中心家庭的影响不显著。

收入对主中心居民通勤和餐饮娱乐私家车出行频率和时间以及私家车行驶里程的作用为正，表明收入更高的家庭在通勤和餐饮娱乐出行时，选择成本更高的私家车出行，导致私家车出行里程显著提高。家庭月收入对副中心居民家庭私家车拥有量和通勤出行的作用显著，但对出行里程的影响不显著，表明收入是决定副中心居民家庭购车和通勤的关键，但不同收入水平下，私家车出行里程的差异不大，即各收入群体的居民，私家车行驶历程均相对较高。

二、政策建议

1）公共交通基础设施建设应更多倾向主中心之外的城市区域，而城市主中心应更加注重优化慢性交通系统。

城市主中心是公共交通的中心节点以及服务配套的核心，公交可达性和地铁可达性对汽车家庭私家车拥有量和私家车行驶里程的影响不显著，从降低能耗碳排放的角度而言，公共交通基础设施的作用已经不显著；而副中心汽车家庭出行高能耗锁定效应更为显著，公交可达性的提升可以有效降低副中心居民私家车的购置。公共交通设施供给对不同城市中心出行的作用也存在共性，即地铁可达性的优化可以有效降低居民私家车通勤时间。因此，公共交通基础设施的建设，尤其是公交车网络的建设，应该更多倾向于城市主中心之外的城市副中心及其他区域，而地铁建设应更加强调对通勤人口的疏导。此外，城市主中心需要从营造良好的步行、自行车等出行环境着手，降低居民购物、餐饮娱乐等非刚性出行的私家车出行概率。

2）提高通勤成本以减少通勤私家车使用，提高购车成本以降低城市副中心私家车购置。

无论是城市主中心还是副中心，家庭月收入会直接影响居民私家车通勤出行，即高收入的居民才有条件私家车通勤，且城市主中心收入对通勤出行的作用系数更大，表明主中心的通勤成本更高，对成本的提高更敏感，因此在全市范围内提高通勤成本，如停车费、交通拥堵费等，都可有效降低居民私家车出行。副中心高收入家庭私家车拥有量更多，因此提高购车成本，如增加车船税、摇号政策等，对郊区居民购车的影响更大。

3）城市主中心应加强餐饮娱乐设施的配套和服务，副中心需要综合调控。

餐饮娱乐私家车出行是影响主中心家庭汽车行驶里程的重要因素，对副中心影响不显著。城市副中心各类私家车出行频率、时间均大于城市副中心，但对私家车行驶里程的影响不显著，表明副中心各类私家车出行目的里程均较高。因而从城市空间布局和服务设施的供给来看，副中心不但需要加强就业岗位供给，通过地铁加强与主中心的链接，提高通勤效率，而且需要增加本地服务设施用地的供给，而主中心需要加强餐饮和娱乐康体用地的供给和服务能力的提升。

由于开展居民出行问卷大样本调查困难大、成本高，因而本研究只以私家车行驶里程表征居民出行对能源环境的影响，并未考虑私家车排量的等因素。此外，本研究也未考虑居民环保意识、文化水平等对居民出行的影响。希望在未来条件允许的情况下，加强研究。

第八章　研究结论与展望

第一节　研究总结

中国目前正处于快速转型期，城市蔓延、职住分离明显，机动出行需求不断增大。因此，迫切需要从城市空间形态的角度，探讨其对居民交通和能耗的影响，挖掘社会经济属性和城市空间形态对交通能耗的影响机制。

本研究从城市空间形态对居民出行能耗影响的视角出发，首先从城市尺度分析了主要城市空间形态指标和居民社会经济属性对中国城市居民出行能耗的影响，继而以广州市天河区为研究对象，构建了城市内部空间形态量化的研究体系，在此基础上，结合居民出行问卷调查数据，构建结构方程模型，分析居住区空间形态对居民出行的影响，得到以下结论并提出政策建议。

一、主要结论

在城市层面，城市空间形态对我国城市居民出行能耗的影响显著；在不同人口密度条件下，城市空间形态和居民社会经济属性对居民出行能耗的作用效果不同。城市人口密度与居民人均交通能耗呈显著的负相关，人口密度越大，人均交通能耗越小。当人口密度大于 20000 人/km^2 时，收入水平的提高是促进居民出行能耗增长的主要因素；人口密度小于 20000 人/km^2 时，城市建成区面积的大小是决定居民出行能耗的主要因素。

在居住区尺度，第一，提高居住区人口密度和土地利用多样性的城市空间形态有利于缩短居民通勤距离，提高步行通勤概率，并间接抑制机动通勤，降低通勤能耗。第二，人口密度增加 1000 人/km^2（样本平均人口密度为 19000 人/km^2），人均通勤能耗降低 1%（人均通勤能耗为 781 MJ/月）；居住区至市中心的距离增加 1 km（样本至市中心的平均距离为 7.2 km），能耗增加 8%；土地利用多样性提高 1%（样本平均土地利用多样性为 1.3），能耗降低 3%。第三，地铁出行能有效提高通勤距离，不同收入水平的居民均偏好地铁通勤，且地铁站附近的居民地铁通勤概率显著偏高。女性及低收入群体公共交通，尤其是公交车通勤的概率更高。

居住区空间形态和居民社会经济属性对汽车家庭出行能耗的作用表现为：第一，出行距离、汽车出行概率、汽车排量是决定汽车家庭日常出行能耗的主要因素，居住区空间形态指标主要通过影响家庭出行距离，间接影响出行能耗。第二，人口密度大、土地利用多样性高、靠近市中心的居住区，家庭步行概率高、出行次数多，但出行总距离短，能耗低；其中，土地利用多样性对汽车家庭日常出行能耗的影响最大。第三，人口密度增加 1000 人/km^2（样本平均人口密度为 18200 人/km^2），汽车家庭平均出行能耗降低 2%（样本平均交通能耗为 5839 MJ/月）；居住区至市中心的距离增加 1 km（样本至市中心的平均距离为 7.4 km），能耗增加 10%；土地利用多样性提高 1%（样本平均土地利用多样性为 1.2），能耗降低 4%。第四，居民收入是决定家庭是否有汽车、汽车排量以及汽车出行概率的关键因子，而主要城市空间形态指标对汽车消费没有显著的影响。第五，在公交资源配置较差的城市外围区域，居民通勤及其他日常出行对公共交通的依赖性更强。第六，居民在居住区位的选择时，会优先考虑子女上学的短距离出行，而子女的其他日常外出则是影响家庭汽车出行的重要因素。

城市不同中心居住区公交可达性对私家车行驶里程的影响机理研究表明：私家车家庭出行高能耗锁定效应明显，且副中心更为显著。无论是城市主中心还是副中心，公交可达性和地铁可达性对私家车行驶里程的作用都不显著。城市副中心的汽车家庭平均行驶里程更高，且社会经济属性对汽车行驶历程的影响也不显著。地铁可达性的提升可有效降低居民通勤时间，公交可达性提升可减少副中心家庭新增汽车的购置。家庭收入对城市主中心居民私家车出行里程的影响显著，对副中心家庭的影响不显著。

二、政策建议

1）无论在城市层面还是居住区层面，高人口密度均有利于降低居民出行能耗。而我国正处于城镇化快速发展时期，城市规模持续扩大，但人口密度却逐年降低，为居民出行能耗的增长提供了空间。因而应从城市规划和公共交通的组织方面加强研究与实践，提高城市人口密度，促进城市的紧凑发展。

2）建成区面积是决定低密度城市交通能耗水平的关键因素，公交车数量的增加能有效降低居民出行能耗；而收入水平是影响高密度城市居民出行能耗的主要因子。因此，对于低密度城市，应注重对建成区面积的控制，同时加强对公交资源的供给和配置；而对于高密度城市，应多从经济政策手段入手，提高机动出行成本，降低机动出行量。

3）高密度的居住环境下，居民步行概率高，机动出行概率低，交通能耗低，而产业密集区通常具有更高的人口密度。因此城市的空间组织应注重以产业集群带动紧凑发展，加强产业用地与居住用地的综合规划，集中开发现有和邻近区域，提高人口密度。在土地高密度开发的基础上，强调小街区设计，创建密集的道路网络，引导居民步行出行。

4）城市空间形态指标中，市中心距离对通勤的影响最大，因此城市规模和就业岗位的分布是决定通勤能耗的关键因素。因而从能源消费以及城市交通可持续性的角度而言，城市发展战略及总体规划应注重对建成区面积的控制，避免就业机会在城市中心的过度集中；加强城市外围地区工商业用地与居住建筑的综合规划，发展多中心紧凑型的空间活动组团体系，协调职住平衡水平。

5）土地利用多样性是城市空间形态指标中对汽车家庭交通能耗影响最大的因子。因而对于已有和规划居住区，尤其是郊区居住区，应注重对商业、文化娱乐等公共设施用地的供给，提高用地多样性；满足居民生活和休闲短距离出行需求的同时，也有助于增加就业岗位，协调职住平衡。

6）地铁出行单耗水平低、运输能力强，各收入群体的居民均偏好地铁出行，且地铁站附近的居民地铁通勤概率高。因此从城市紧凑发展的角度来看，应加强地铁与居住区和商业用地的综合规划，强化土地供应和管理，促进地铁沿线和站点周边土地的高密度开发，提高地铁客流组织的效率，以地铁建设带动城市空间的紧凑发展。

7）家庭在居住区位选择时，会优先满足子女短距离上学的需求，而子女的其他日常出行是引起家庭汽车概率升高的重要因素。因此，应结合城市居住用地布局，构建均衡分布的基础教育设施网络，保障学龄儿童就近入学。同时，注重居住区周边儿童娱乐休闲等公共基础设施的配置，促进儿童日常短距离出行。

8）公共交通出行仍然是居民通勤的主要方式；在公交资源配置较差的城市外围区域，居民日常公交出行以及公交通勤概率更高。因此公共交通的组织一方面应注重在通勤时间的有效供给，增加运输能力；另一方面，要注重对城市外围区域公共交通资源的配置。

9）女性和低收入群体对公共交通出行的依赖性更强；因此应加强对公交出行的补贴，在稳定已有乘客群体的基础上，通过改善公交出行环境，吸引更多的居民公交出行。

10）抑制汽车出行是降低居民出行能耗的重要着力点，而收入水平是决定居民家庭是否有汽车、汽车排量以及汽车出行选择的关键因子，主要城市空间形态指标对居民汽车消费均没有约束能力。因此，对居民汽车消费的调节还应以经济手段为主，加强对小排量汽车的补贴，注重对停车政策、税费措施的运用。

基于以上城市空间形态和居民社会经济属性对居民出行能耗的作用机理研究认为，对交通的调控应摒弃一般的简单依靠交通基础设施引导居民出行的治理思维，需要深入理解居民出行决策和能耗发生的机理，依据城市自身的发展特征，从城市规模、土地利用等角度入手，寻找降低交通能耗的空间组织模式，同时结合政策调控，促进城市的低碳发展。

第二节　研究展望

本书以实证研究从城市和居住区不同尺度，分析了主要城市空间形态指标和居民社会经济属性对居民出行能耗的影响，构建了城市空间形态对居民出行能耗影响的研究理论框架。回顾全文，结合国内外研究进展，提出本领域未来研究的主要方向和重点。

在城市尺度，现有研究主要围绕紧凑城市是否一种能够有效降低城市交通能源消耗的城市形式进行讨论。使用城市统计数据和相关分析方法探究城市密度与交通能源消耗之间的关系。近年来，得益于研究数据和技术方法的变革性提升，研究方法进一步拓展到情景预测、GIS 空间分析、空间回归、空间模拟和元胞自动机、多智能体模拟的开发应用，通过“自下而上”的方法探究城市交通出行能耗和碳排放的空间特征差异及其与城市形态、城市中心分布形式之间的关系。本研究总体上认为，紧凑、多中心的城市形态有利于减少城市交通碳排放，是一种低碳的城市形态。

在社区尺度，早期的相关文献主要关注建成环境对居民出行行为、小汽车使用和机动车行驶里程的影响。随后，不少研究开始转向于关注建成环境对出行能耗和碳排放的影响。这些研究主要采用截面形式的出行问卷调查数据进行研究，但近期也有研究开始探索使用多年纵向的问卷调查数据，以及结合开源数据库、地理位置服务（LBS）开放平台和智能查询系统的开发以提高出行碳排放测算的精确度。研究方法亦进一步拓展到非线性模型、结构方程模型、联立方程模型和多层次模型等更为高级的数学模型，以探究建成环境要素与出行能耗和碳排放之间的非线性关系，控制和剔除居住自选择的混淆效应，以及将建成环境的影响进一步细分为直接效应和间接效应等。

综上所述，社区尺度的研究将是未来中国交通出行影响因素研究的重点方向。因为国家尺度和城市尺度的研究基本上已取得较为一致的结论，而社区尺度的研究根据选择不同城市作为案例地、采用不同的方法模型或研究不同类型的出行能耗和排放（例如，通勤、社交、休闲娱乐或日常购物出行），其研究结果很可能不一样。就目前研究而言，中国城市的实证结论与西方城市并不一致，中国城市之间亦有所差异，总体上，社区建成环境对居民出行碳排放的影响及其机制尚未取得一致的研究结论。由于中国城市居民的出行态度偏好、生活方式和社会规范与西方国家存在较大差异，中国城市在空间结构、土地利用模式、交通系统等方面都与西方城市有巨大差异，且中国城市的交通能源消耗及其相关碳排放比例普遍小于欧洲国家和美国，已有的西方研究结论并不适用于中国。因此，亟须以中国城市为背景，探索与归纳具有中国特色的交通出行碳排放研究理论。未来中国城市交通出行碳排放影响因素的研究趋势主要有以下几方面：

第一，在研究数据方面，目前大多数社区尺度的研究主要基于截面的出行调查数据探究建成环境与居民出行碳排放之间的关系。截面数据具有一定的局限性，有可能会遗漏一些难以观察的影响因素以及有些影响因素的实际影响效果存在估算偏差。而且，实质上截面数据仅能得出其间关联关系。倘若要探究建成环境与居民出行碳排放之间的因果关系，未来的研究很有必要充分利用信息科技和移动互联网的深入普及，开展多个时间段的纵向居民出行问卷调查，或通过类纵向的（Quasi-longitudinal）居民出行问卷设计，以科学测度居民社会经济属性和建成环境变量的变化对其出行碳排放的影响。

第二，在研究方法方面，应从传统的、仅能测度直接影响的数学模型转向能够探究多变量之间的相互关系、同时能够测度间接效应的模型，例如结构方程模型。基于此，可以进一步识别和探究建成环境与出行碳排放之间的中介变量所发挥的作用，例如小汽车拥有、出行方式、出行距离等。因为建成环境对出行碳排放的影响很可能并不是直接的，而是通过影响其他中介变量从而进一步影响居民出行碳排放。

第三，在研究内容上，很有必要考虑居住自选择效应对居民出行碳排放的影响。目前国内的出行研究还较少考虑到居住自选择的影响。若不剔除居住自选择的混淆效应，很可能会错误地估计建成环境对出行碳排放的影响，进而误导相关低碳交通与土地利用政策的制定。上述倡导使用纵向的出行调查问卷数据和可以探究多变量之间相互关系的数学模型方法，是检验和控制居住自选择效应的有效方法。对于不同类型的出行，例如通勤、社交、休闲娱乐或日常购物出行等，建成环境的影响作用也不一样。因此，应该分别探究建成环境对不同类型出行碳排放的影响作用，以全面、综合地认识建成环境对居民出行碳排放的影响机制。此外，目前的研究大多仅关注单一尺度的建成环境对居民出行碳排放的影响，尤其是居住地建成环境。不同地理尺度（社区、街道等）和不同地理背景（居住地、就业地或其他出行起讫地）的建成环境对出行碳排放的影响是不一致的。因此，随着 GIS 技术和大数据方法的发展，很有必要同时考虑和测度不同地理尺度与地理背景下的建成环境对居民出行碳排放的影响作用。

第四，在研究对象上，由于数据的限制，本书在不同层面的研究均以我国发展水平较高的城市为研究对象，而我国不同区域城市发展水平差异较大，在不同发展阶段下，城市空间形态对居民出行能耗的影响差异还有待深入研究。在未来研究不断深化的过程中，可对居住区空间形态指标进行细化，如选取居住区规模、TOD（Transit-Oriented-Development）设计等指标，探讨其对交通能耗的影响，以完善本研究的理论体系。

参 考 文 献

曹广忠, 刘涛, 2011. 中国城镇化地区贡献的内陆化演变与解释——基于1982—2008年省区数据的分析[J]. 地理学报, 66(12): 1631-1643.

柴彦威, 肖作鹏, 刘志林, 2011. 基于空间行为约束的北京市居民家庭日常出行碳排放的比较分析[J]. 地理科学. 31(7): 843-849.

陈海燕, 贾倍思, 2006. 紧凑还是分散?对中国城市在加速城市化进程中发展方向的思考[J]. 城市规划, 30(3): 61-69.

陈彦光, 刘继生, 2001. 城市土地利用结构和形态的定量描述: 从信息熵到分维[J]. 地理研究, 20(2): 146-152.

丁成日, 2010. 城市空间结构和用地模式对城市交通的影响. 城市交通, 8(5): 28-35.

邓毛颖, 谢理, 2000. 广州市居民出行特征分析及交通发展的对策[J]. 城市规划, 24(11): 45-49.

邓书斌, 2010. ENVI 遥感图像处理方法[M]. 北京: 科学出版社, 211-232.

方创琳, 祁巍锋, 宋吉涛, 2008. 中国城市群紧凑度的综合测度分析. 地理学报, 63(10): 1011-1021.

广州市交通规划研究所, 2006. 2005 年广州市居民出行调查总报告[R].

广州市国土资源和房屋管理局, 2011. 预售证[EB/OL]. [2012-07-19]. http://g4c.laho.gov.cn/index.-htm.

广州市交通委员会, 2011. 广州市能源发展“十二五”专项规划[R].

广州市经济贸易委员会, 广州市规划局, 2013. 广州市大型零售商业网点发展规划(2011—2020年) [EB/OL], 2013广州统计局. 广州统计年鉴[M]. 北京: 中国统计出版社.

广州统计局, 2010. 广州统计年鉴[M]. 北京: 中国统计出版社.

广州统计局, 2011. 广州统计年鉴[M]. 北京: 中国统计出版社.

广州统计局, 2012. 广州统计年鉴[M]. 北京: 中国统计出版社.

国家统计局, 2011. 中国统计年鉴 2011[M]. 北京: 中国统计出版社.

国家统计局能源司, 2011. 中国能源统计年鉴 2011[M]. 北京: 中国统计出版社.

国家统计局城市社会经济调查司, 2011. 中国城市统计年鉴 2011[M]. 北京: 中国统计出版社.

侯杰泰, 温忠麟, 成子娟, 2004. 结构方程模型及其应用. 北京: 教育科学出版社, 1-3.

黄经南, 杜宁睿, 刘沛等, 2013. 住家周边土地混合度与家庭日常交通出行碳排放影响研究——以武汉市为例[J]. 国际城市规划. 28(2): 25-30.

黄经南, 高浩武, 韩笋生, 2015. 道路交通设施便利度对家庭日常交通出行碳排放的影响——以武汉市为例[J]. 国际城市规划, 30(3): 97-105.

姜 磊, 季民河, 2011. 基于 STIRPAT 模型的中国能源压力分析——基于空间计量经济学模型的视角 [J]. 地理科学, 31(9): 1072-1077.

姜洋, 何东全, 2011. 城市街区形态对居民出行能耗的影响研究[J]. 城市交通, 9(4): 21-29.

景国胜, 王波, 2004. 广州市居民出行特征变化趋势分析[J]. 华中科技大学学报: 城市科学版, 21(2): 88-92.

李琳, 2006. "紧凑"与"集约"的并置比较——再探中国城市土地可持续利用研究的新思路[J]. 城市规划, 30(10): 19-22.

林炳耀, 1998. 城市空间形态的计量方法及其评价[J]. 城市规划汇刊, (3): 42-45.

刘清春, 张莹莹, 肖燕等, 2018. 济南市主城区私家车日常出行碳排放特征及影响因素[J]. 资源科学, 40(2): 262-272.

刘卫东, 谭韧骠, 2009. 杭州城市蔓延评估体系及其治理对策[J]. 地理学报, 64(4): 417-425.

龙瀛, 毛其智, 杨东峰等, 2011. 城市形态, 交通能耗和环境影响集成的多智能体模型[J]. 地理学报, 66(8): 1033-1044.

陆大道, 樊杰, 2009. 2050: 中国的区域发展[M]. 北京: 科学出版社.

陆大道, 2007. 我国的城镇化进程与空间扩张[J]. 城市规划学刊, (4): 47-52.

陆化普, 2006. 城市土地利用与交通系统的一体化规划[J]. 清华大学学报, 46(9): 1499-1504.

鹿琳琳, 郭华东, 2008. 利用遥感影像自动估算深圳福田城市人口[J]. 遥感应用, (96): 64-75.

吕安民, 李成名, 林宗坚等, 2004. 基于遥感影像的城市人口密度模型[J]. 地理学报, 59(6): 158-164.

马静, 柴彦威, 刘志林, 2011. 基于居民出行行为的北京市交通碳排放影响机理. 地理学报, 66(8): 1023-1032.

满洲, 赵荣钦, 袁盈超等, 2018. 城市居住区周边土地混合度对居民通勤交通碳排放的影响——以南京市江宁区典型居住区为例[J]. 人文地理, 33(1): 70-75.

仇保兴, 2010. 城镇化的挑战与希望[J]. 城市发展研究, 17(1): 1-7.

乔程, 骆剑承, 吴泉源等, 2008. 面向对象的高分辨率影像城市建筑物提取[J]. 地理与地理信息科学, 4(5): 36-39.

孙斌栋, 涂婷, 石巍等, 2013. 特大城市多中心空间结构的交通绩效检验——上海案例研究. 城市规划学刊, 63-69. 天河国土局. 广州市天河区整体规划(2007～2020) [EB/OL]. [2011-04-07]. http://info.upla.cn/html/2011/04-07/205605.shtml.

童抗抗, 马克明, 2012. 居住-就业距离对交通碳排放的影响[J]. 生态学报, 32(10): 2975-2984.

王德利, 方创琳, 杨青山等, 2010. 基于城市化质量的中国城市化发展速度判定分析 [J]. 地理科学, 30(5): 643-650.

王玉明, 刘明君, 赵宇刚, 2011. 城市轨道交通系统运行节能措施研究[J]. 运输管理, 4: 57-59.

王云龙, 2009. 营运客车运行模式及燃油消耗仿真评价研究[D]. 吉林: 吉林大学.

吴良镛, 吴唯佳, 2008. 中国特色城市化道路的探索与建议. 北京: 商务印书馆.

吴明隆, 2009. 结构方程模型: AMOS 的操作与应用. 重庆: 重庆大学出版社, 263-305.

肖作鹏, 柴彦威, 刘志林, 2011. 北京市居民家庭日常出行碳排放的量化分布与影响因素[J]. 城市发展研究, 18(9): 104-112.

徐建刚, 梅安新, 韩雪培, 1994. 城市居住人口密度估算模型的研究[J]. 环境遥感, 9(3): 234-240.

杨上广, 王春兰, 刘淋, 2014. 上海家庭出行碳排放基本特征, 空间模式及影响因素研究[J]. 中国人口资源与环境, 24(6): 148-153.

杨文越, 曹小曙, 2018. 居住自选择视角下的广州出行碳排放影响机理[J]. 地理学报, 73(2): 346-361.

杨文越, 李涛, 曹小曙, 2015a. 广州市社区出行低碳指数格局及其影响因素的空间异质性[J]. 地理研究, 34(8): 1471-1480.

杨文越, 李涛, 曹小曙, 2015b. 基于碳排放-位置分配模型的公共中心规划支持系统设计与应用研究[J]. 华南师范大学学报(自然科学版), 47(5): 119-125.

张杰, 杨阳, 陈骁等, 2013. 济南市住区建成环境对家庭出行能耗影响研究[J]. 城市发展研究. 20(7): 83-89.

郑思齐, 霍燚, 2010. 低碳城市空间结构: 从私家车出行角度的研究[J]. 世界经济文汇, (6): 50-65.

Acker V, Witlox F, 2010. Car ownership as a mediating variable in car travel behaviour research: A structural equation modelling approach [J]. Journal of Transport Geography, 18(1): 65-74.

Alford G, Whiteman J, 2009. Macro-urban form and transport energy outcomes: Investigations for Melbourne [J]. Road & Transport Research, 18(1): 53.

Anderson W P, Kanaroglou P S, Miller E J, 1996. Urban form, energy and the environment: A review of issues, evidence and policy [J]. Urban Studies, 33(1): 7-35.

Barla P, Miranda-Moreno L F, Lee-Gosselin M, 2011. Urban travel CO_2 emissions and land use: A case study for Quebec City[J]. Transportation Research Part D: Transport and Environment, 16(6): 423-428.

Batty M, 1991. Cities as Fractals: Simulating Growth and Form [M]. New York: Springer Verlag.

Bertaud A, Stephen M, 1999. The spatial distribution of population in 35 world cities: the role of markets, planning and topography [EB/OL]. Center for Urban Land Economics Research. [2012-07-08]. http://www.mcrit.com/iemed/documents/sectorial/demography/demogr_spatial.pdf.

Bhat C R, Sen S, Eluru N, 2009. The impact of demographics, built environment attributes, vehicle characteristics, and gasoline prices on household vehicle holdings and use [J]. Transportation Research Part B: Methodological, (43): 1-18.

Bhat, C. R, Sen S, 2006. Household vehicle type holdings and usage: An Application of the Multiple Discrete-continuous Extreme Value (MDCEV) model [J]. Transportation Research Part B: Methodological, (40): 35-53.

Boyce R R, Clark WAV, 1964. The Concept of Shape in Geography [J]. The Geographical Review, 54(4): 561-572.

Bradsher, K, 2009. China Vies to Be World's Leader in Electric Cars [EB/OL]. The New York Times, 2009. [2011-05-04]. http://www.nytimes.com/2009/04/02/business/global/02electric.html.

Brand C, Goodman A, Rutter H, *et al*, 2013. Associations of individual, household and environmental characteristics with carbon dioxide emissions from motorised passenger travel [J]. Applied energy, (104): 158-169.

Breheny M, 1997. Urban compaction: feasible and acceptable? [J]. Cities, 14(4): 209-217.

Brownstone D, Golob T F, 2009. The impact of residential density on vehicle usage and energy consumption [J]. Journal of urban Economics, 65(1): 91-98.

Cao X, Yang W, 2017. Examining the effects of the built environment and residential self-selection on commuting trips and the related CO_2 emissions: An empirical study in Guangzhou, China [J]. Transportation Research Part D: Transport and Environment, (52): 480-494.

Carty J, Ahern A, 2011. RETRACTED: Introducing a transport carbon dioxide emissions vulnerability index for the Greater Dublin Area [J]. Journal of Transport Geography, 6(19): R1.

Cervero R, Day J, 2008. Suburbanization and transit-oriented development in China [J]. Transport Policy, 15(5), 315-323.

Chao L, Qing S, 2011. An empirical analysis of the influence of urban form on household travel and energy consumption [J]. Computers, Environment and Urban Systems, 347-357.

Chow A S, 2016. Spatial-modal scenarios of greenhouse gas emissions from commuting in Hong Kong [J]. Journal of Transport Geography, (54): 205-213.

Cole J P, 1960. Study of major and minor civil division in political geography [M]. Miemgraphed.

Darido G, Torres M, Mehndiratta S, 2010. Urban transport and CO_2 emissions: some evidence from

Chinese cities [EB/OL]. [2011-11-26]. http://www-wds.worldbank.org/external/default/WDSContentServer/WDSP/IB/2010/07/21/000334955_20100721033904/Rendered/PDF/557730WP0P11791June020091EN105jan10.pdf.

Dietz T, Rosa E A, 1997. Effects of population and affluence on CO_2 emissions [J]. Proceedings of the National Academy of Sciences USA, 94(1): 175-179.

Ding C, Wang Y, Xie B, *et al*, 2014. Understanding the role of built environment in reducing vehicle miles traveled accounting for spatial heterogeneity [J]. Sustainability, 6(2): 589-601.

Ehrlich P R, Holdren J P, 1971. Impact of population growth [J]. Science, (171): 1212-1217.

Elizabeth B, 2002. Measuring urban compactness in UK towns and cities [J]. Environment and Planning B: Planning and Design, (29): 219-250.

Ewing R, 1997. Is Los Angeles-style sprawl desirable? [J]. Journal of the American planning association, 63(1): 107-126.

Fang H A, 2008. A discrete-continuous model of households' vehicle choice and usage, with an application to the effects of residential density [J]. Transport action Research Part B, 42(9): 736-758.

Frank L D, Stone B, Bachman W, 2009. Linking land use with household vehicle emissions in the central Puget Sound: methodological framework and findings [J]. Transportation Research Part D, (5): 173-196.

Galster G, Hanson R, Ratcliffe M R. *et a*l, 2001. Wrestling sprawl to the ground: defining and measuring an elusive concept [J]. Housing Policy Debate, 12(4): 681-717.

Gert D R, 2000. Environmental Conflicts in Compact Cities: Complexity, Decision making, and Policy Approaches [C]. Environment And Planning B: Planning And Design, 27(2): 151-162.

Gibbs J P, 1961. Urban Research Methods [M]. New York.

Glaeser E L, Kahn M, 2008. The greenness of cities. Rappaport Institute for Greater Boston and Taubman Center [EB/OL]. [2012-06-09]. http://oldsite.chapa.org/files/greencities_final.pdf.

Gordon P, Richardson H W, 1997. Are compact cities a desirable planning goal? [J]. Journal of the American planning association, 63(1): 95-106.

Gordon P, Richardson H W, 1989. Gasoline consumption and cities: a reply [J]. Journal of he American Planning Association, 55(3), 342-346.

Guan D, Hubacek K, Weber C L, *et al*, 2008. The drivers of Chinese CO_2 emissions from 1980 to 2030 [J]. Global Environmental Change, 18(4), 626-634.

Handy S, 1996. Methodologies for exploring the link between urban form and travel behavior, (1): 151-165.

Haughton G, Hunter C, 1994. Sustainable Cities [M]. London: Jessica Kingsley Publishers, 26-32.

He D, Liu H, He K, *et al*, 2013. Energy use of, and CO_2 emissions from China's urban passenger transportation sector–Carbon mitigation scenarios upon the transportation mode choices [J]. Transportation Research Part A: Policy and Practice, 3(53): 53-67.

Holz-Rau C, Scheiner J, 2019. Land-use and transport planning–A field of complex cause-impact relationships. Thoughts on transport growth, greenhouse gas emissions and the built environment [J]. Transport Policy, (74): 127-137.

Hong J, Goodchild A, 2014. Land use policies and transport emissions: Modeling the impact of trip speed, vehicle characteristics and residential location [J]. Transportation Research Part D: Transport and Environment, (26): 47-51.

Hong J, Shen Q, 2013. Residential density and transportation emissions: Examining the connection by addressing spatial autocorrelation and self-selection [J]. Transportation Research Part D: Transport and Environment, (22): 75-79.

Hong J, 2015. Non-linear influences of the built environment on transportation emissions: Focusing on densities [J]. Journal of Transport and Land Use, 10(1): 229-240.

International Energy Agency, 2007. World Energy Outlook 2007: China and India Insights [M]. Paris: International Energy Agency(IEA).

IPCC, 2007. Climate Change 2007: Synthesis Report [R]. Geneva, Switzerland.

Keersmaccker M L D, Frankhauser P, Thomas I, 2003. Using Fractal Dimension for Characterizing Intra-Urban Diversity: The Example of Brussels [J]. Geographical Analysis, 35(4): 310-328.

Kenworthy J R, Laube F B, 1996. Automobile dependence in cities: an international comparison of urban transport and land use patterns with implications for sustainability [J]. Environmental impact assessment review, 16(4-6): 279-308.

Kenworthy J R, Laube F B, 1999. Patterns of automobile dependence in cities: an international overview of key physical and economic dimensions with some implications for urban policy [J].Transportation Research(Part A), 33(7): 691-723.

Laurent D, Erwann L, Andrew N, 2008. A method for monitoring building construction in urban sprawl areas using object-based analysis of Spot 5 images and existing GIS data [J]. ISPRS Journal of Photogrammetry & Remote Sensing, 399-408.

Lopez R, Hynes H P, 2003. Sprawl in the 1990s: Measurement, Distribution, and Trends [J]. Urban Affairs Review, 38(3): 325-355.

Ma J, Liu Z, Chai Y, 2015. The impact of urban form on CO_2 emission from work and non-work trips: The case of Beijing, China [J]. Habitat International, (47): 1-10.

Ma J, Zhou S, Mitchell G, *et al*, 2018. CO_2 emission from passenger travel in Guangzhou, China: A small area simulation [J]. Applied Geography, (98): 121-132.

Määttä-Juntunen H, Antikainen H, Kotavaara O, *et al*, 2011. Using GIS tools to estimate CO_2 emissions related to the accessibility of large retail stores in the Oulu region, Finland [J]. Journal of transport geography, 19(2): 346-354.

Martínez-Zarzoso I, Bengochea-Morancho A, Morales-Lage R, 2007. The impact of population on CO_2 emissions: evidence from European countries [J]. Environmental and Resource Economics, (38): 497-512.

Medda F, Nijkamp P, Rietveld P, 1998. Recognition and Classification of Urban Shapes [J]. Geographical Analysis, 30(3): 304-314.

Modarres A., 2013 Commuting and energy consumption: toward an equitable transportation policy [J]. Journal of Transport Geography, (33): 240-249.

Monson K, 2008. String Block Vs Superblock Patterns of Dispersal in China. Architectural Design, 78(1): 46-53.

Mui S, Alson J, Ellies B, *et al*, 2007. A wedge analysis of the US transportation sector, Environmental Protection Agency [EB/OL]. [2012-03-08]. http://www.epa.gov/oms/climate/420r07007.pdf.

Newman P W G, Kenworthy J R, 1989. Gasoline consumption and cities: A comparison of US cities with a global survey [J]. Journal of American Planning Association, (55): 24-37.

Newman P, 2006. The environmental impact of cities [J]. Environment and Urbanization, 18(2): 275-295.

Niovi Karathodorou, Daniel J Graham, Robert B Noland, 2010. Estimating the effect of urban density on fuel demand [J]. Energy Economics, (32): 86-92.

Pacala S, Socolow R, 2004. Stabilization Wedges: Solving the Climate Problem for the Next 50 Years with Current Technologies [J]. Science, 305: 968-972.

Qin B, Han S S, 2013. Planning parameters and household carbon emission: Evidence from high-and low-carbon neighborhoods in Beijing [J]. Habitat International, (37): 52-60.

Reichert A, Holz-Rau C, Scheiner J, 2016. GHG emissions in daily travel and long-distance travel in Germany–Social and spatial correlates [J]. Transportation Research Part D: Transport and Environment, (49): 25-43.

Richardson H W, 1973. The Economics of Urban Size Lexington [M]. Lexington: Mass.

Schafer A, Victor D G, 1999. Global passenger travel: implications for carbon dioxide emissions [J]. Energy, 24(8): 657-679.

Schimek P, 1996. Household motor vehicle ownership and use: how much does residential density matter? [J]. Transportation Research Record, 1552(1): 120-125.

Schwarz N, 2010. Urban form revisited-selecting indicators for characterising European cities [J]. Landscape and Urban Planning, 96(1): 29-47.

Shen G, 2002. Fractal Dimension and Fractal Growth of Urbanized Areas [J]. International Journal of Geographical Information Science, 16(5): 419-437.

Shi A, 2003. The impact of population pressure on global carbon dioxide emissions, 1975-1996:

evidence from pooled crosscountry data [J]. Ecological Economics, 44(1): 29-42.

Shim G, Rhee S, Ahn K, *et al*, 2006. The relationship between the characteristics of transportation energy consumption and urban form [J]. The Annals of Regional Science, 40(2): 351-367.

Song S, Diao M, Feng C, 2016. Individual transport emissions and the built environment: A structural equation modelling approach [J]. Transportation Research Part A: policy and practice, (92): 206-219.

Stern N, 2007. Stern Review: The Economics of Climate Change [EB/OL]. Cambridge: Cambridge University Press, [2009-04-08]. http://www.hm-treasury.gov.uk/stern_review_report.htm.

Tsai, Y H, 2005. Quantifying Urban Form: Compactness versus “Sprawl” [J]. Urban Studies, 42, 141-161.

United Nations, 2010. World Urbanization Prospects. The 2009 Revision. New York: United Nations.

Wright L, Fulton L, 2005. Climate change mitigation and transport in developing nations [J]. Transport Reviews, 25(6), 691-717.

Yan X, Crookes R J, 2009. Reduction potentials of energy demand and GHG emissions in China's road transport sector [J]. Energy Policy, 37(2), 658-668.

Yang W, Wang S, Zhao X, 2018. Measuring the Direct and Indirect Effects of Neighborhood-Built Environments on Travel-related CO_2 Emissions: A Structural Equation Modeling Approach [J]. Sustainability, 10(5): 1372.

York R, Rosa E A, Dietz T, 2003. STIRPAT, IPAT and ImPACT: Analytic tools for unpacking the driving forces of environmental impacts [J]. Ecological Economics, 46(3): 351-365.

Zahabi S A H, Miranda-Moreno L, Patterson Z, *et al*, 2012. Transportation greenhouse gas emissions and its relationship with urban form, transit accessibility and emerging green technologies: a Montreal case study [J]. Procedia-Social and Behavioral Sciences, (54): 966-978.

Zeng N, Ding Y, Pan J, *et al*, 2008. Climate change- the Chinese challenge [J]. Science, 319(5864): 730-731.

附　　录

附录 1　居民通勤交通出行问卷调查

A 表. 家庭特征	
家庭住址/小区名称	
家庭人口	1□　2□　3□　4□　大于 4□
家庭工作人数	1□　2□　3□　大于 3□
家庭月收入（元）	小于 3000□　3000-5000□　5000-6000□　6000-8000□　8000-1 万□ 1-1.2 万□　1.2-1.4 万□　1.4-1.6 万□　1.6-1.8 万□　1.8-2 万□ 2-2.2 万□　2.2-2.4 万□　2.4-2.6□　2.6-2.8 万□　2.8-3 万□ 3-3.5 万□　3.5-4 万□　大于 4 万□
子女数目	0□　1□　2□　3□
子女年龄（岁）	小于 3□　3-6□　6-18□　大于 18□
就读学校或幼儿园名称	
子女上学出行方式	住校□　步行□　公交□　地铁□　公交+地铁□　出租车□　开车接送□　校车□
上学交通时间（分钟）	小于 10□　10-20□　20-30□　30-45□　45-60□　60-75□　75-90□　大于 90□
B 表. 家庭汽车使用特征	
家庭汽车拥有量	0□　1□　2□　3□　大于 3□
家庭汽车排量（L）	第一辆：≤1□　1-1.3□　1.3-1.6□　1.6-2.4□　2.4-3.0□　大于 3.0□ 第二辆：≤1□　1-1.3□　1.3-1.6□　1.6-2.4□　2.4-3.0□　大于 3.0□
每月汽车油费（元）	小于 400□　400-600□　600-800□　800-1000□　1000-1200□　1200-1400□ 1400-1600□　1600-1800□　1800-2000□　2000-2200□　2200-2400□ 2400-2600□　2600-2800□　2800-3000□　3000-3500□　3500-4000□ 大于 4000□
C 表. 男性户主出行特征	
工作单位地址	
年龄（岁）	20-25□　25-30□　30-35□　35-40□　40-45□　45-50□　大于 50□
个人月收入（元）	小于 3000□　3000-4000□　4000-6000□　6000-8000□　8000-1 万□ 1-1.2 万□　1.2-1.4 万□　1.4-1.6 万□　1.6-1.8 万□　1.8-2 万□ 2-2.5 万□　2.5-3 万□　大于 3 万□
上班出行方式	步行□　公交□　地铁□　公交+地铁□　出租车□　私家车□　单位公交□
上班出行时间（分钟）	小于 10□　10-20□　20-30□　30-45□　45-60□　60-75□　75-90□　大于 90□
D 表. 女性户主出行特征	
工作单位地址	
年龄（岁）	20-25□　25-30□　30-35□　35-40□　40-45□　45-50□　大于 50□
个人月收入（元）	小于 3000□　3000-4000□　4000-6000□　6000-8000□　8000-1 万□ 1-1.2 万□　1.2-1.4 万□　1.4-1.6 万□　1.6-1.8 万□　1.8-2 万□ 2-2.5 万□　2.5-3 万□　大于 3 万□
上班出行方式	步行□　公交□　地铁□　公交+地铁□　出租车□　私家车□　单位公交□
上班出行时间（分钟）	小于 10□　10-20□　20-30□　30-45□　45-60□　60-75□　75-90□　大于 90□

感谢您的参与和帮助，谢谢！

附录 2　居民各类交通出行问卷调查

编号	性别	年龄	文化程度	职业	月均收入（元）	每周外出吃饭次数	是否长期在家居住	次序	出行目的	出行工具	主要工具出行时间（分钟）	出行距离（公里）
1			①初中以下②初高中或中专③大学④研究生及以上	①机关、企事业管理人员②机关、企事业普通职员③个体经营者④商业服务业工作人员⑤农林牧渔劳动者⑥学生⑦无业⑧其他			①是 ②否	1				
								2				
								3				
								4				
								5				
								6				
2								1				
								2				
								3				
								4				
								5				
								6				
3								1				
								2				
								3				
								4				
								5				
								6				
4								1				
								2				
								3				
								4				
								5				
								6				
5								1				
								2				
								3				
								4				
								5				
								6				

注：（1）上表为家中 6 岁以上住户成员依次填写；（2）一次出行指基于家（离家或回家）的一次出行距离不小于 300 米的单向移动，如：上班是一次出行，下班回家是一次出行；（3）出行目的：①上班；②上学；③回家；④公务或业务；⑤购物；⑥餐饮或娱乐；⑦访友；⑧接送小孩；⑨农业；⑩其他；（4）出行工具：只有步行时填步行；同时有步行和交通工具时，填交通工具；有多种交通工具时，填乘坐时间最长的交通工具。各类交通工具选项如下：①步行；②自行车；③电瓶车或摩托车；④公共汽车；⑤出租车；⑥地铁；⑦单位（学校）班车；⑧私人小汽车；⑨其他。